La Démocratie CUL-DE-SAC

Directeur de collection : Robert Davies

Dans la même collection :

La République de poutine, François Dallaire

Le Traître et le Juif, Esther Delisle

Thèses ou foutaises,
ouvrage collectif sous la rédaction de
Louis-Philippe Rochon et Angéline Fournier

La Dernière queue de morue, Pol Chantraine

Un labyrinthe carré comme un cercle, Louise Fontaine

Biograffiti, Marie Desjardins

Pour recevoir notre catalogue complet, il suffit de nous en adresser la demande à l'adresse suivante :
L'Étincelle éditeur, CP 702, Outremont, QC, Canada H2V 4N6

Yves Leclerc

La démocratie cul-de-sac

L'ÉTINCELLE ÉDITEUR
MONTRÉAL–PARIS

DIFFUSION

Canada: Dimedia
336 Boulevard Lebeau
Saint-Laurent, QC H7S 1P6
☎ [514] 336-3941 FAX 331-3916

France-Belgique: Quorum-Magnard Diffusion
122 Avenue Marcel Hartmann
94400 Ivry s/Seine
☎ 49.59.50.50 FAX 46.71.05.06

Suisse: Diffulivre
41 rue des Jordils
1025 St-Sulpice
☎ [22] 691-5331 FAX 691-5330

Données de catalogage avant publication (Canada)

Leclerc, Yves, 1941-
La démocratie cul-de-sac : enquête sur les carences et les incohérences de la démocratie occidentale
(Pluralisme)
Comprend des réf. bibliogr.

ISBN 2-89019-257-1
1. Démocratie. 2. Relations internationales. 3. Civilisation occidentale. 4. Intervention (Droit international). I. Titre. II. Collection: Pluralisme (Outremont, Québec).

JC423.L42 1993 321.8 C94-940032-7

Dépot légal 4e trimestre 1993, Bibliothèque nationale du Québec, Bibliothèque nationale (Paris), Bibliothèque royale (Bruxelles)
ISBN 2-89019-257-1
1993 1994 1995 1 2 3 4 5

Illustration de la couverture:
détail-interprétation de *Carnavales* de René Portocarrero.

À Marie-José, ma première lectrice…
et ma première critique !

Sommaire

Introduction

NOUS NOUS ACHARNONS À VENDRE au reste du monde un produit défectueux: la démocratie. L'«idéal démocratique» est, avec le libéralisme commercial, le fer de lance d'une campagne menée par l'Occident industrialisé pour imposer à l'ensemble de la planète sa vision idéologique, économique et politique. Le barrage de propagande auquel on nous soumet est tel qu'il nous mène à admettre pour évidents des slogans aussi peu conformes à l'évidence que «La démocratie, c'est le progrès» ou «Pas de justice sans démocratie» ou, plus tendancieux encore car empreint d'un subtil chantage, «La démocratie, préalable à toute aide internationale».

C'est au nom de cet idéal que les Américains et leurs alliés d'Europe s'arrogent depuis quelque temps le droit d'intervenir par la force (militaire ou économique) dans les affaires d'autres États, avec ou sans la sanction complaisante des Nations-Unies. S'ils le faisaient de façon cohérente et équitable, cela pourrait encore se justifier sur la base d'un consensus quasi universel. Mais l'apparence du consensus n'est arrachée que par de vives pressions sociales ou économiques; le choix des interventions semble relever d'amitiés ou d'inimitiés particulières ou, plus simplement encore, des intérêts étroits de l'un ou de l'autre, sans parler d'une certaine forme de racisme. La hâte indécente en Irak, la procrastination encore plus indécente en ex-Yougoslavie sont des exemples récents des deux extrêmes.

Et pourtant, nous parlons et agissons comme si nous étions convaincus d'avoir, en une demi-douzaine de générations, mis au point la solution ultime à tous les problèmes qui confrontent les sociétés humaines depuis au moins cinq millénaires. Comme si l'évolution sociale et politique de l'espèce devait s'arrêter tout de go sur une formule découverte dans notre coin du monde il y a pourtant bien peu — et fort triturée depuis. Comme si nous voulions reprendre à notre compte l'idée et le mot d'ordre, pourtant tant décriés et à si bon droit, de l'«empire qui doit durer mille ans».

Graduellement, la promotion du concept démocratique a cessé d'être une affaire de logique pour devenir une sorte de croyance religieuse. Et comme la plupart des religions, elle a pris ce faisant des relents de magie... et d'intolérance. Celui qui en dispute la moindre virgule se fait regarder comme jadis l'hérétique ou l'incroyant. En revanche, ceux qui le prêchent ont la même conviction paternaliste et un peu méprisante que les croisés et les conquistadors de jadis à l'égard des «infidèles»: pour eux, l'application systématique de la recette, peu importe les différences de circonstances et la logique des situations, donnera forcément des effets bénéfiques... ce qui est la définition même d'un effet magique. Leurs concurrents directs, les intégristes islamiques, ne font pas mieux dans ce domaine.

Des conséquences particulièrement perverses de cette attitude se manifestaient il y a peu en Europe de l'Est, en Somalie et au Cambodge. Elles jouent toujours dans une grande partie du Tiers-Monde, où on tente d'instaurer une démocratie bourgeoise à l'encontre du bon sens, c'est-à-dire en s'appuyant d'une part sur des élites aristocratiques et d'autre part sur des populations souvent analphabètes, la classe bourgeoise qui doit être l'assise du système n'existant même pas. Ceci, malgré l'évidence de plus en plus concluante que le progrès économique dans une situation de rareté de ressources ne peut se réaliser que sous des régimes autoritaires, capables d'imposer des stratégies à long terme et de prendre des décisions difficiles et impopulaires, de préférence sans être soumis à des impératifs électoraux.

Une véritable vente sous pression de la démocratie se poursuit depuis bientôt un demi-siècle; pourtant, le modèle socio-politique qu'elle propose est loin d'avoir rempli toutes ses promesses. Sur la centaine de nouveaux pays nés de la décolonisation, peu ont librement adopté ou ont pu conserver longtemps cette formule. Ceux qui l'ont fait ne sont pas visiblement plus prospères, plus stables ni même plus justes que d'autres ayant acquis leur indépendance en même temps mais ayant bifurqué vers des régimes oligarchiques ou carrément dictatoriaux.

Même parmi les États qui l'ont inventée ou qui la prônent, plusieurs se trouvent aux prises avec des crises sociales et économiques que la démocratie ne parvient pas à résorber... quand elle n'en est pas en partie responsable. Les indices d'un malaise généralisé se multiplient. Seulement pour l'année 1992, il y a eu: les émeutes de Los Angeles et la vague de popularité du «troisième candidat» hors-parti, le milliardaire Ross Perot, dans la campagne électorale aux États-Unis; la montée du Front national et l'épisode du quasi-rejet de Maastricht en France; les troubles urbains et les difficultés du gouvernement John Major au Royaume-Uni; le NON à la réforme de la Constitution (et par le fait même à l'ensemble des élites non seulement politiques, mais intellectuelles, syndicales et financières) au Canada; la poussée du néo-nazisme en Allemagne réunifiée; le retour au pouvoir des communistes en Lituanie; les drames de la désagrégation (qu'on a d'ailleurs osé qualifier de «démocratisation») de l'ex-URSS et de la Yougoslavie, etc.

Comme tout le monde, j'ai longtemps cru que de telles crises étaient des accidents de parcours qui n'avaient rien à voir avec notre mode de gouvernement, le seul imaginable pour un État moderne. Et cela jusqu'à ce qu'une remarque courroucée d'un vieux chef toucouleur de Kaolack, entendue il y a trois ou quatre ans au Sénégal, me remonte récemment en mémoire et provoque chez moi une illumination qui m'a forcé à envisager la question sous un tout autre jour. «Votre démocratie de Blancs ne vaut rien, avait-il dit. Quel homme sensé peut accepter que l'opinion d'un gamin de vingt ans qui ne songe qu'à courir les filles ait le même poids que celle d'un aîné de soixante ans, chargé de l'expérience de toute une vie?»

Sous ses airs de boutade, cette réplique contredit de façon convaincante un concept fondamental de la formule démocratique à l'occidentale: un homme, un vote — peu importe l'homme et peu importe l'objet du vote. Elle le condamne sur la base d'un facteur culturel (la présomption de sagesse accordée à l'âge mûr) qui n'est pas seulement africain, mais partagé par de nombreuses sociétés sur au moins trois continents. On ne peut donc l'écarter par un argument *ad hominem* du genre «Qui sont les Africains pour nous donner des leçons de gouvernement?», sous peine de se faire répondre «Mais qui sont les Occidentaux pour faire la morale au reste de l'humanité?».

La version de la démocratie que nous mettons de l'avant est née dans un contexte bien spécifique: le monde européen protestant (ou déiste) du début de l'ère industrielle. D'autres cultures, d'autres traditions ont du pouvoir et des exigences du gouvernement une vision différente qu'il serait prétentieux de qualifier de primitive. En Chine, au moins soixante générations de fonction publique ont enraciné l'idée qu'on ne peut occuper un poste d'autorité civile qu'après une formation adéquate et une batterie d'examens confirmant la compétence; une quarantaine d'années de socialisme — en faisant abstraction de l'épisode de la «révolution culturelle» qui allait à contre-courant — n'ont rien fait pour infirmer cette façon de voir. Pour près d'un quart de l'humanité donc, la notion d'une accession au pouvoir causée par le seul résultat d'un concours de popularité, sans garantie d'expertise préalable (car voilà ce qu'est en réalité une élection moderne débarrassée de sa façade simili-philosophique), paraît sans doute absurde et même dangereuse.

Mieux encore, quand Winston Churchill disait, à demi sérieusement, que «la démocratie est un mauvais système, mais c'est le seul sous lequel je puisse vivre», il se situait à l'intérieur de notre monde judéo-chrétien et son jugement visait le fond plutôt que la forme ou le contexte culturel. Notons qu'on s'est empressé d'oublier la dénonciation contenue dans le premier membre de sa phrase pour n'en retenir que le second; de cet aveu de résignation, on a même tiré un argument d'autorité pour justifier la transformation en idéal absolu du concept relatif et combien ambigu de «gouvernement du peuple».

Mais si Churchill avait raison et que la démocratie est vraiment un «mauvais système», elle mérite qu'on s'y oppose ou du moins qu'on la soumette à une analyse sans complaisance, avec comme objectif soit (si c'est possible) de la remplacer par mieux, soit au pis aller d'en identifier et d'en minimiser les effets contraires. Or, même si on tend à les passer sous silence ou à leur attribuer d'autres causes, ceux-ci sont fréquents et nocifs. Pourtant, les attaques ouvertes contre la formule ont été rares depuis un siècle; cela n'empêche pas qu'il y ait eu dans l'intervalle bon nombre de tentatives plus ou moins discrètes pour y apporter des correctifs. Hélas, l'absence d'une réflexion critique sérieuse nourrie par un débat public a fait que, le plus souvent, ces efforts ont raté la cible.

Le coeur de l'affaire, c'est qu'on pose toujours comme prémisse que les difficultés de la démocratie ne sont qu'incidents passagers ou défauts d'exécution et que le fond du régime est sans reproche. Il est temps de se demander si au contraire ce n'est pas le système qui porte en lui les gènes de ses échecs, si le concept même n'est pas fautif. Périclès et Aristote, il y a plus de deux mille ans, doutaient déjà que l'élection des dirigeants par le peuple puisse assurer un gouvernement honnête et compétent: la question n'est pas neuve. Mais elle a été complètement escamotée dans la grande poussée aveugle pour imposer notre vision des choses au reste du monde.

D'où ce livre. Prend-il vraiment le contre-pied de la démocratie, comme le suggère son titre? Oui, dans le sens qu'il s'attache systématiquement à en souligner les carences et les incohérences, sans se soucier de donner un aspect «positif» à sa critique. Oui, dans le sens aussi qu'il veut démolir ce qu'on en a fait, un absolu qui ne se discute même pas, pour en rétablir la réalité qui est celle d'un compromis plus ou moins boiteux et certainement susceptible de débat. Oui enfin, parce que le terme tel que l'emploient ses prosélytes ne réfère pas au principe philosophique qui dit que le pouvoir émane du peuple et que ceux qui l'exercent lui doivent des comptes, mais à **une formule élitiste qui exploite ce**

pouvoir du peuple sans le respecter. En ce sens, la démocratie est vraiment un cul-de-sac dont il faut tenter de sortir. La situation est comparable à celle qui régnait en Europe à l'époque de Martin Luther: ce dernier demeurait chrétien, mais il voyait l'Église catholique si gangrenée et tellement loin de ses principes originaux qu'il s'est trouvé forcé de la combattre de front plutôt que de la réformer de l'intérieur.

Si ce livre est vigoureusement critique de «la démocratie», il ne l'est pas pour le seul plaisir de la chose, ni bêtement au point de vouloir remonter le cours de l'histoire et ressusciter des formules encore plus injustes, moins efficaces. Je ne suis ni monarchiste, ni fasciste et je demeure convaincu qu'on ne peut bien gouverner les communautés humaines qu'avec leur accord. En revanche, je ne ferai aucun effort pour «équilibrer» le portrait en soulignant les qualités et les avantages réels du système démocratique; d'autres l'ont fait à satiété... et sans en noter en même temps ces faiblesses sur lesquelles j'ai l'intention d'insister.

Mon point de vue n'est pas celui d'un politicien ou d'un juriste, mais d'un simple citoyen ayant beaucoup observé, raisonnablement lu et quelque peu réfléchi. Un citoyen qui a eu la chance, à cause de son métier de journaliste, de se trouver parfois aux premières loges pour voir les mécanismes du pouvoir tourner à plein régime puis se gripper sous le poids du changement rapide, des tensions sociales et des contradictions internes. Ajoutez à cela les vicissitudes de la vie, qui m'ont plus tard amené à examiner les mêmes événements de bas en haut, de l'angle d'un sans-emploi (et donc d'un quasi-hors-la-loi ou d'un paria dans notre société) amené à réduire les problèmes de civilisation au niveau des besoins élémentaires. Le niveau, presque, auquel faisait référence cet ami haïtien qui, revenant d'un séjour dans son pays au moment où venait d'en être chassé le président Aristide, répondait ainsi à ma salve de questions sur la situation là-bas: «En Haïti aujourd'hui, mon cher, la seule vraie question c'est *Ki maniè ou ka cuit'ça, Démokrasi?*» ou, en d'autres mots, quelle est la recette pour apprêter la Démocratie quand on crève de faim?

Un mot sur la méthode que j'adopte et qui pourrait désorienter certains lecteurs. Ce n'est ni celle de l'accumulation des faits spectaculaires, souvent chère aux journalistes mes confrères, ni celle des citations et des arguments d'autorité propre aux universitaires. C'est celle d'un examen qui s'efforce d'être rationnel et sans complaisance, s'appuyant sur des données parfois disparates, pas pour impressionner ou scandaliser, mais pour y chercher un certain ordre logique. En particulier, je m'efforce — malgré la difficulté de la chose et pas toujours avec un succès complet — d'éviter l'ethnocentrisme blanc européen qui marque trop souvent les ouvrages de ce genre. Les techniques sont celles que j'ai apprises en quinze ans de vulgarisation technologique et scientifique, appliquées à un domaine tout différent, celui des thèses et des réalités politiques: retour aux sources, simplification des idées et élimination des détails non clairement pertinents, confrontation d'opinions divergentes, regroupement des faits en catégories concrètes et compréhensibles, traduction d'un vocabulaire ésotérique et abstrait en termes plus familiers et plus «parlants», application des préceptes du sens commun.

Mon but est de présenter un portrait d'ensemble cohérent quoique tracé à gros traits, à la mesure des connaissances d'un lecteur intelligent mais pas toujours bien renseigné. Je ne veux pas démontrer la vérité d'une thèse, mais démonter un mécanisme pour qu'on en saisisse clairement le fonctionnement... et qu'on voie mieux pourquoi il a si souvent des ratés. Si, ce faisant, je me trouve à découvrir des évidences qui prennent en défaut plus souvent que je ne m'y attendais la «sagesse traditionnelle», c'est pur (et sans doute heureux) accident.

J'ai aussi risqué le pari de faire court et lisible; pour y parvenir, je m'abstiens de faire parader tous mes auteurs, de mentionner tous les exemples, toutes les statistiques, toutes les références historiques, d'épuiser toutes les voies de recherche. Le texte qui en résulte a sans doute des airs impressionnistes, mais pour peu que le raisonnement se tienne et soit étayé d'assez de matériaux issus du réel, cela m'importe peu. Cela aurait même plutôt tendance à me plaire: le caractère incomplet, suggestif de l'ouvrage devrait inciter le lecteur à poursuivre sa propre réflexion dans des directions auxquelles je n'aurais pas songé. Si cela se produit et mène à des résultats qui m'étonnent (quitte à ce qu'ils me contredisent), je jugerai avoir réussi.

Ai-je choisi un titre délibérément provocateur? Sans doute. C'est un artifice littéraire et intellectuel qui a ses lettres de noblesse; je me contenterai de citer, comme illustres prédécesseurs, Érasme et Zola. L'alternative était d'appeler plus discrètement ce travail «Critique du modèle démocratique libéral anglo-franco-américain», mais il n'aurait alors atteint que des penseurs professionnels et des passionnés des sciences politiques. Or, je maintiens que le problème est d'intérêt pour tous ceux qui vivent sous un des régimes que nous qualifions de démocraties... ou dans un des beaucoup plus nombreux qui n'en sont pas et qu'on tente d'y convertir. C'est à eux que je m'adresse, dans l'espoir un peu donquichottesque de faire hésiter un instant cette énorme machine infernale qui nous précipite tête baissée vers un «nouvel ordre mondial», dont il est loin d'être clair que nous le voulions réellement et dont je doute qu'il rendra la planète plus vivable pour la majorité de l'humanité.

1

Un idéal discutable

ON NOUS DÉPEINT VOLONTIERS la démocratie comme un système ancien, éprouvé, universel, profondément ancré dans nos moeurs, un remarquable cadeau au reste du monde de la part de l'Occident, qui lui devrait son bien-être et sa suprématie. Donc, un idéal au-dessus de tout soupçon, de toute critique. Cette image d'Épinal que nous prenons pour la vérité repose sur une double fausseté ou, tout au moins, sur un double malentendu.

Premièrement, il y a quiproquo sur le mot. Quand nos gouvernants et nos penseurs vantent les avantages de «la Démocratie» et insistent sur l'importance d'en répandre les bienfaits sur la totalité de la planète, ils laissent croire qu'ils réfèrent à une doctrine philosophico-politique de portée très générale, celle que nous avons héritée de la Grèce antique et qu'on définit, selon le mot de Lincoln, comme «le gouvernement du peuple par le peuple, pour le peuple». En réalité, ce dont ils parlent est un type de régime bien spécifique qui est loin de respecter tous les points de la doctrine, mais qui y greffe d'autres idées n'ayant avec elle aucun lien organique.

Par exemple, le pouvoir n'y est pas exercé par le peuple, mais par des représentants dotés d'un mandat que l'électorat n'a aucune façon de leur retirer avant terme; il n'est pas nécessairement exercé pour le peuple, puisque ces gouvernants ne sont pas tenus de respecter les promesses qu'ils avaient faites pour se faire élire (il existe au Canada un jugement de la Cour suprême qui confirme la chose en noir sur blanc). En revanche, notre système implique obligatoirement une économie capitaliste et la primauté du droit individuel sur le collectif, deux concepts qui ne font pas partie de la théorie: par le passé, des régimes tout à fait démocratiques de structure et d'esprit ont pu être ou ont été communistes et totalitaires (par exemple l'Utopie de Thomas More et l'Athènes de Périclès).

De fait, comme le soulignaient dès le début du siècle Hans Kelsen et Robert Michels, ce que nous appelons démocratie est en réalité un régime libéral — autant sur le plan social qu'économique — de type électif à tendance oligarchique. C'est-à-dire un régime fondé sur le concept de liberté individuelle et utilisant un mécanisme électoral pour maintenir au pouvoir une «classe politique» restreinte, issue essentiellement de la bourgeoisie aisée et se renouvelant par cooptation. Dans toute confrontation entre cette classe et le peuple, la première a tendance à l'emporter pour peu qu'elle soit unie. Les exemples récents de ce phénomène, que Michels appelle «la loi d'airain de l'oligarchie», sont trop nombreux pour qu'on sente même le besoin de les citer.

Deuxièmement, la perspective historique est faussée. Sans aller dans le détail, il est facile de montrer que même dans les régions du monde où elle est née, notre démocratie est un type de gouvernement d'origine récente. Sa forme est encore loin d'être arrêtée; sa base philosophique porte la marque très nette de circonstances sociales, culturelles, religieuses et économiques spécifiques; ses soi-disant effets bienfaisants existaient généralement avant son apparition; et son implantation s'est faite inégalement et souvent brutalement, non sans soubresauts, résistances et fréquents retours en arrière. Elle est, à tout le moins, un idéal discutable.

UNE INVENTION RÉCENTE

Tout d'abord, malgré les prétentions de ses exégètes, c'est une invention ou, au mieux, une réinvention moderne qui n'a presque rien en commun avec les antiques formes de gouvernement dont elle se réclame et qui portaient le même nom en Grèce ou à Rome. Ainsi, la formule athénienne était aristocratique et, pendant une bonne part de son histoire, non élective. Par temps de paix, la plupart des dirigeants étaient choisis par tirage au sort (certains pour une seule journée, d'autres pour plus d'un an) sur une liste de citoyens reconnus par leurs pairs comme «méritants»; pour la guerre, le choix se faisait par consensus, selon le mérite et l'expérience. Les décisions importantes étaient prises, après discussion sur la place publique, par l'ensemble des citoyens et la notion de parti politique était regardée avec une extrême méfiance. La République romaine, pour sa part, était élective, il est vrai, mais limitait aussi étroitement les mandats dans le temps et dans la nature des tâches. Elle avait des mécanismes d'assemblée et une répartition des charges publiques qui divisaient la société en ordres ou castes essentiellement héréditaires dont la seule suggestion hérisserait aujourd'hui nos sensibilités plus égalitaires.

Tout ce qu'on peut tirer de ces deux exemples, c'est que des régimes très différents peuvent se cacher sous la même étiquette et que la forme du nôtre n'a rien de transcendant ni d'inévitable. Ainsi, les systèmes antiques avaient pour but avoué d'empêcher une oligarchie de s'emparer du pouvoir et de s'y maintenir; le nôtre a, sinon l'objectif, du moins l'effet inverse. Il ne peut donc pas se réclamer directement de ces antécédents; il peut tout au plus remonter, et fort indirectement, aux «villes franches» ou communes libres du Moyen-Âge. Or, la plupart de celles-ci eurent une existence brève et précaire et leur structure de gouvernement était empirique, sans le moindre fondement idéologique.

Les vraies bases de notre démocratie viennent de quelques précurseurs des 16e et 17e siècles dont l'influence à leur époque, face à la prédominance des monarchies de droit divin que favorisait de tout son poids l'Église, était marginale. Même ceux-là étaient loin de prôner tous une souveraineté directement assumée par le peuple. Érasme, Jean Bodin, Hugo de Groot et Thomas Hobbes étaient préoccupés de principes comme l'équité et la pérennité de la loi et la légitimité de l'autorité, mais considéraient généralement comme «naturel» le mécanisme monarchique de la transmission héréditaire du pouvoir. Machiavel, quoique républicain de conviction, est bien plus connu pour sa dissection du pouvoir absolu tandis que Thomas More, fervent chrétien, était résolument communiste avant la lettre. C'est seulement chez John Locke, Jean-Jacques Rousseau et Thomas Jefferson qu'a émergé clairement l'idée du pouvoir appartenant de droit au peuple (si on peut définir le peuple comme la classe des propriétaires et commerçants bourgeois) et de l'obligation pour les gouvernants de répondre publiquement de leur mandat.

La démocratie n'a offert une alternative politique réaliste qu'à la toute fin du 18e siècle en France et dans les colonies britanniques rebelles d'Amérique du Nord. Chose intéressante d'ailleurs, le régime qui a servi de modèle tantôt positif, tantôt négatif à ses inventeurs est une monarchie, celle d'Angleterre. Au fil d'une longue lutte pour le pouvoir, d'abord entre la Couronne et les nobles (*Magna carta,* 1215), puis entre ceux-ci et la bourgeoisie (Cromwell, 1648-1659), elle a développé des institutions et des règles coutumières — Parlement élu, *habeas corpus*, séparation des pouvoirs — qui ont fasciné et inspiré les premiers démocrates français. Au contraire, les Américains, qui la subissaient en tant que sujets coloniaux, s'en méfiaient et concevaient leurs mécanismes politiques spécifiquement pour en éviter ou en corriger les injustices et les arbitraires. C'est d'ailleurs afin de protéger le peuple contre les exactions d'un pouvoir royal sans limites que Jefferson, Franklin et leurs compagnons ont élaboré les premières Chartes des droits et la doctrine des libertés individuelles comme valeurs suprêmes.

De plus, c'est loin d'être un accident que la démocratie soit apparue où et quand elle l'a fait. Il y a un peu plus de deux siècles, le centre nord de l'Europe (qui, à l'exception de la Suisse, était entièrement composé de monarchies) connaissait en même temps une réduction marquée de l'emprise du clergé catholique, une brusque poussée de l'influence de la bourgeoisie marchande et financière, le début de l'ère industrielle capitaliste et d'une période sans précédent de richesse et de prospérité favorisée, sinon causée, par l'exploitation massive des ressources coloniales et notamment par l'utilisation d'une main-d'oeuvre peu ou pas rémunérée, fournie par la traite des noirs et le travail forcé des enfants. Il faut insister ici sur le fait que tous ces «avantages» ont précédé la venue de la démocratie et ne sauraient en aucun cas lui être imputables. Au contraire, c'est eux qui l'ont rendue possible et qui lui ont façonné le visage que nous connaissons.

Pour autant qu'on puisse en juger de l'expérience européenne et américaine, ce système est une denrée de luxe que ne peuvent s'offrir que des sociétés jouissant déjà d'une certaine affluence. A la limite, on peut penser que si l'Occident n'avait pas été colonialiste et esclavagiste, il ne serait pas devenu démocratique... et il ne faudrait qu'une légère dose de mauvaise foi pour arguer que toute autre culture voulant arriver au même résultat devrait passer par le même chemin!

Tous nos théoriciens du système, qu'ils fussent français, anglais ou américains, étaient mâles, protestants (ou déistes comme Voltaire) et bourgeois (ou aristocrates en rupture de ban, comme Condorcet). Le régime qu'ils proposaient visait, sous couvert d'universalité, à résoudre des problèmes bien spécifiques à leur temps, en particulier celui d'ouvrir le chemin du pouvoir politique à la classe industrielle et marchande qui dominait déjà l'économie. La plupart de ces «pères de la démocratie» demeuraient explicitement ou implicitement favorables à l'esclavage, limitaient le droit de vote à l'élite des possédants et s'opposaient vigoureusement à tout statut politique pour les femmes.

UNE ÉVOLUTION CHAOTIQUE

Au cours du siècle et demi suivant, ce n'est que lentement et péniblement que leur style de démocratie s'est étendu aux pays européens en se transformant graduellement. Aujourd'hui même, l'Angleterre, l'Espagne, la Norvège, la Belgique, les Pays-Bas et quelques autres sont encore des monarchies au moins de façade, tandis que la France en est à sa cinquième mouture de la formule républicaine, l'Allemagne et l'Italie à leur première ou seconde vraie tentative. De fait, un régime parlementaire reconnaissant dans les faits l'égalité de la plupart des citoyens ne s'est imposé de façon continue sur plus d'un siècle qu'en Amérique du Nord, en Suisse et, avec la restriction importante du maintien de la Couronne, au Royaume-Uni.

Il est utile de rappeler aussi que jusqu'aux années 1950, ceux des pays occidentaux qui y adhéraient se sont bien gardés d'en étendre les bienfaits à leurs colonies, sauf là où ils y étaient contraints... et presque toujours à la condition expresse que le pouvoir y soit détenu par des descendants d'Européens. Les rares États non blancs à tenter d'en faire l'expérience (Haïti, Libéria) ont été soumis à un ostracisme plus ou moins discret qui a eu pour résultat de les maintenir parmi les régions les plus pauvres de la planète et, à la longue, de les jeter dans les bras de la dictature.

Même entre les deux guerres mondiales, les démocraties européennes réelles se comptaient toujours sur les doigts de la main et leur espérance de vie était fort limitée. Plusieurs de ces pays ont, sous l'effet de crises sociales ou économiques, violemment répudié le «gouvernement du peuple» pour des formules totalitaires: nazisme, fascisme et phalangisme sont, tout autant que la démocratie libérale, des «trouvailles» politiques de l'Occident; en leur temps qui n'est pas si lointain, ils ont d'ailleurs suscité presque partout en Europe et en Amérique sinon l'enthousiasme, du moins une curiosité non dénuée de sympathie.

Parallèlement, l'expérience de l'Union soviétique, de ses satellites et de ses imitateurs semblait offrir une alternative crédible sous la forme de la «république populaire» communiste à parti unique. Cette solution, qui opposait au libéralisme le principe bien différent de la dictature du prolétariat, a d'ailleurs séduit au moins autant de nouveaux pays indépendants que notre démocratie. Il ne s'agit pas ici d'en faire l'apologie (ce serait assez mal à propos dans la conjoncture actuelle), seulement de noter que le niveau de critique mutuelle garanti par la rivalité idéologique entre l'Est et l'Ouest et la fréquente mise en veilleuse du prosélytisme démocratique de la part d'un «monde libre» qui s'accommodait plutôt bien d'autres régimes, pourvu qu'ils soient anticommunistes, rendaient moins pressant le besoin d'une remise en cause du principe démocratique.

La situation a bien changé, en bien peu de temps: l'écroulement de l'URSS et des pouvoirs socialistes d'Europe a été partout interprété comme le triomphe et la justification du modèle politique et idéologique libéral d'origine anglo-franco-américaine. En même temps, l'attitude propagandiste agressive adoptée par la superpuissance américaine devenue seule maîtresse du terrain repose le problème dans toute son acuité, avec une urgence accrue: la démocratie, en elle-même et telle que nous la pratiquons, est-elle une solution d'une évidence et d'une perfection telles que nous sommes justifiés de l'imposer ainsi au reste du monde, par la menace conjuguée du missile et du dollar?

LA FAUTE DES HOMMES

Je ne suis pas le seul à m'être posé la question, il s'en faut. Les dernières années, en particulier, ont été marquées par un foisonnement d'essais critiques sur divers aspects de ce thème. Mais d'une part beaucoup de ces ouvrages sont écrits dans un style savant qui exige une culture politique bien au-delà de celle du citoyen moyen, de l'autre la grande majorité de leurs auteurs s'en sont tenus à un niveau d'analyse qui me paraît dangereusement superficiel. Ils prennent comme hypothèse de base que ce n'est pas le système qui est en faute, mais la conjoncture qui y provoque des écarts de conduite; plus spécifiquement, ils dénoncent l'ignorance et la volatilité des électorats, la complaisance et la perversité des médias et les choix douteux de dirigeants qui en résultent. A les croire, ce n'est pas la formule qui serait tarée, mais ceux qui la pratiquent. Pour des raisons variées et pour la plupart issues de circonstances incontrôlables autant que malicieuses, nous aurions trop souvent permis que soient élus (par accident ou par fraude) des gouvernants dont la méchanceté, la bêtise ou l'incompétence seraient responsables des désordres actuels. La tentative la plus ambitieuse et une des plus convaincantes en ce sens est probablement celle de Guy Hermet dans *Le Peuple contre la démocratie* (Fayard, 1989).

Une liste au moins partielle des «écarts» humains est facile à dresser pour les deux dernières décennies. Il y a eu Richard Nixon trempant dans les magouilles du Watergate, Giscard d'Estaing copinant avec son ami diamantaire Bokassa, le gouvernement social-démocrate de Willy Brandt atteint d'espionnite aiguë, de multiples histoires combinant sexe, indiscrétions et finances avant et pendant le régime Thatcher au Royaume-Uni, les curieux trocs armes-argent-otages de l'Irangate où Ronald Reagan se faisait représenter par son vice-président et successeur George Bush, la destitution de Fernando Collor de Melo pris la main dans le sac au Brésil, le flirt de l'inquiétant mais fascinant Alberto Fujimori avec la dictature au Pérou, les longues fiançailles secrètes du socialiste Bettino Craxi et de multiples autres figures politiques italiennes avec la Mafia (criminelle ou financière)... Ai-je besoin de continuer?

Taper sur la tête des dirigeants est une réaction tout à fait naturelle et instinctive dans les sociétés humaines. Lorsque quelque chose ne va pas, on commence par chercher le ou les coupables. Dans le cas présent, ils sont faciles à dénicher, car les hommes publics véreux, malhabiles ou bornés ne manquent pas. Ils ne sont peut-être pas plus nombreux dans la sphère politique que dans toute autre, mais leur visibilité les y rend plus notables. Et le fait de les désigner avec indignation à la vindicte publique évite d'avoir à se poser des questions plus fondamentales et plus perturbantes, dont la première serait: *si notre système est au point, comment peut-il porter si souvent de tels personnages au pouvoir?*

UNE MISE EN OEUVRE DÉFICIENTE

Devant la persistance et la généralisation de ces problèmes et surtout face à l'impossibilité nouvelle d'en imputer la faute aux «méchants communistes», on finit par comprendre que de clouer au pilori les responsables est au mieux insuffisant et, dans bien des cas, bêtement injuste. Plusieurs penseurs politiques ont donc poussé leur réflexion au point d'admettre que la formule démocratique que nous appliquons (avec des variantes parfois assez importantes d'un pays à l'autre) n'est pas sans faille et demeure, sur bien des plans, éloignée de son modèle théorique; ce deuxième niveau de critique avait commencé au début du siècle avec des auteurs comme Michels, Pareto et Mosca, mais il prend toute son importance depuis une quinzaine d'années.

Pour faire face aux défauts de fonctionnement ainsi dénoncés, ou bien on s'est résigné à les considérer comme des «caractéristiques» neutres, sinon des avantages, ou bien on s'est attaché à explorer deux voies d'amélioration quelque peu contradictoires. Un des plus beaux exemples du premier cas est l'économiste allemand Joseph Schumpeter (qui a terminé sa carrière aux

États-Unis, comme professeur à Harvard); dans *Capitalisme, socialisme et démocratie,* après une brillante et impitoyable critique de la théorie classique du système, il conclut qu'au fond celui-ci n'a rien à voir avec le gouvernement du peuple mais qu'il est simplement une formule compétitive d'accès au pouvoir parmi une élite politique restreinte, ce en quoi il remplit fort correctement sa mission!

Quant aux approches «correctives» — qui sont loin de s'exclure mutuellement: dans bien des pays on a essayé l'une et l'autre à tour de rôle ou en même temps —, la première, aux relents populistes, consiste à tenter de rétablir la pureté originelle du concept démocratique par une sorte de retour aux sources; la seconde, qui se donne des allures de modernité, vise plutôt à adapter le mécanisme politique et électoral à des réalités nouvelles qui n'existaient pas au moment où la théorie a été élaborée.

Dans les propositions nées du premier courant, on trouve trois idées principales: étendre le processus démocratique vers l'amont, rendre les instances plus représentatives et amener la population à éclairer spécifiquement ses chefs sur ses préférences. La première idée favorise la participation directe des citoyens au choix non seulement des élus mais des candidats («primaires» et caucus aux États-Unis, vote de l'ensemble des membres d'un parti et non seulement des délégués aux congrès de nomination dans plusieurs pays); la seconde tente de réaliser une meilleure correspondance entre la composition des assemblées décisionnelles et celle de la population (quotas pour les femmes, les jeunes, les minorités); la dernière provoque l'intervention directe du public dans les grandes décisions par voie de référendum et donc contrecarre au moins partiellement la tendance oligarchique.

Malheureusement, on constate trop souvent, toujours avec la même stupéfaction indignée, que ces remèdes aggravent le mal au lieu de le guérir. Les candidats choisis par le peuple n'ont pas le minimum de compétence requis, les lois adoptées favorisent ou désavantagent indûment tel ou tel segment de la société au hasard des alliances temporaires entre groupes de pression, les consultations populaires vont à l'encontre de l'avis des dirigeants, qui se trouvent forcés d'actualiser des orientations qu'ils jugent absurdes ou suicidaires. En désespoir de cause, on a alors recours à des «ajustements» qui, paradoxalement, tendent à être encore moins démocratiques: les référendums sont considérés «indicatifs» et non décisionnels, un tribunal suprême nommé par l'exécutif obtient le pouvoir de renverser une loi votée par les élus du peuple, on filtre au préalable et plus ou moins secrètement les candidatures pour assurer un minimum d'expérience et de probité...

La seconde approche cherche à éliminer les effets déviants de certains phénomènes récents, la plupart d'origine scientifique ou technologique:

- l'influence dominante sur l'opinion publique des médias électroniques qui insistent sur la façade plutôt que la substance et découpent les thèses et les programmes en «capsules» instantanées, d'autant plus frappantes qu'elles sont primaires;
- les techniques raffinées de marketing des hommes et des slogans qui font de toute campagne une guerre d'image et de propagande plutôt qu'un débat d'idées;

- l'émergence des sondages et autres outils statistiques dont les résultats, même s'ils sont valables, donnent lieu à une utilisation peu scrupuleuse et dont l'impact sur l'opinion publique et sur le style de gouvernement, quoique difficile à quantifier, est indéniable.

Mais, du fait qu'on considère la démocratie comme une vache sacrée dont pas la moindre touffe de poils ne saurait (ouvertement, du moins) être remise en cause, les «rectifications» proposés se limitent à des mesures de contrôle. Celles-ci réduisent ou contournent les inconvénients de ces innovations, sans faire le moindre effort pour en intégrer les avantages possibles dans la formule. Essayez de suggérer, par exemple, que les sondages d'opinion devraient avoir un rôle positif et reconnu dans le processus, ou que le «gouvernement en direct» tel que pratiqué à la télévision par de plus en plus de chefs d'État devrait être normalisé et réglementé. Vous susciterez une immédiate levée de boucliers, sans que quiconque prenne la peine de peser le bien-fondé de telles propositions.

UN REJET CULTUREL

Un troisième niveau de critique a été soulevé surtout par les politicologues et les dirigeants du Tiers-Monde, mais il commence à pointer chez les auteurs européens. Il prend sa source dans la constatation que, si la formule démocratique a pris plus ou moins solidement racine en Europe et dans les régions d'Amérique majoritairement peuplées de descendants d'Européens (et encore, cette assertion est fortement infirmée par les événements récents dans l'ancien bloc soviétique et par toute l'histoire de l'Amérique latine), il n'en va pas de même dans le reste du monde.

Parmi les nouveaux États nés depuis 1950, soit de la décolonisation, soit d'une partition de nations existantes, fort peu sont aujourd'hui des démocraties et ceux-là ne sont pas visiblement plus riches ni plus paisibles que la moyenne. Quelques-uns (comme Singapour et le Sénégal) ont emprunté la façade rassurante d'un Parlement élu tout en fonctionnant en pratique comme des oligarchies en cercle très fermé. Une forte majorité ont ouvertement adopté des régimes différents: monarchie absolue, théocratie, dictature civile ou militaire, république populaire. Dans plusieurs cas, ils en sont arrivés là après des tentatives courtes et désastreuses de fonctionnement démocratique.

On peut donc à bon droit se demander si la démocratie à l'Occidentale constitue une denrée exportable, ou si elle n'est pas à ce point imprégnée de la pensée et de la structure sociale du nord de l'Europe et de l'Amérique qu'elle provoque automatiquement un syndrome de «rejet culturel» dès qu'on tente de la greffer sur d'autres traditions. La réponse habituelle de nos penseurs, selon laquelle les peuples non européens «ne sont pas assez évolués» pour percevoir clairement les bienfaits de la démocratie et qu'il suffit donc de les éduquer, ne résiste pas à l'examen: certaines de ces sociétés avaient des gouvernements qui savaient gérer des empires quand nos ancêtres chassaient le sanglier dans les forêts d'Europe centrale — rappelez-vous Montesquieu s'émerveillant que l'idée de la séparation des pouvoirs soit apparue «dans les bois» — et des villes dont l'ensemble du peuple savait lire et écrire au temps où nos rois analphabètes devaient se faire épeler leurs propres édits par de rares moines lettrés. Qu'ils aient utilisé des signes parsis ou arabes et des idéogrammes au lieu de l'alphabet latin ne change rien à la chose... sauf pour souligner l'involontaire racisme de beaucoup de penseurs progressistes.

L'autre solution que l'on commence à retenir, selon laquelle la formule même manque d'universalité, a le double mérite de n'insulter personne et de mieux correspondre aux faits. Notamment, c'est celle qui explique le plus naturellement l'émergence sporadique sur d'autres continents de dirigeants un peu excentriques qui prétendent chercher des voies «indigènes» vers la démocratie ou, plus généralement, vers un système politique équitable qui tienne compte des besoins et des volontés de leurs peuples. Là où les formules qu'ils ont concoctées s'implantent en douceur, sous des autorités relativement conservatrices et gardent une ressemblance de surface avec ce que nous connaissons, elles sont vues avec sympathie et encouragées par les «grandes puissances»; dans les autres cas, on les condamne comme antidémocratiques avant même qu'elles aient eu la chance de montrer des résultats et on s'occupe même de les déstabiliser par des méthodes qui, elles, sont marquées au coin du plus bel impérialisme.

On peut comprendre que les inventeurs du système, il y a un siècle ou deux, aient cru que tout ce qui semblait s'appliquer à l'ensemble des Européens soit, par définition, universel. D'abord, ils n'avaient pas sur les autres cultures les connaissances d'aujourd'hui. De plus, ils voyaient le reste du monde en colonisateurs pour qui tout ce qui n'était pas semblable à eux était «sauvage» ou primitif. Enfin, ils avaient l'éternel travers, dont nous-mêmes sommes loin d'être débarrassés, de s'imaginer que leur époque et leur coin de terre représentaient le sommet de toute civilisation. Leurs erreurs sont donc pardonnables. Ce qui ne l'est pas, c'est qu'on continue aujourd'hui à prétendre à l'universalité sur les fondements douteux qu'ils ont ainsi établis.

Deux cas flagrants de cette myopie sociale et culturelle sont ceux de la propriété privée et du système de partis, qui sont deux des bases prétendument universelles du régime. Dans le premier, tout le raisonnement depuis John Locke est fondé sur le caractère «naturel» et instinctif du découpage du territoire en propriétés individuelles. Or, ce modèle s'est imposé en Europe sans doute du fait des superficies limitées et de la croissance des populations et il a été transplanté tel quel dans les colonies «blanches». Mais il est étranger à pratiquement toutes les sociétés indigènes d'Amérique, dans la plus grande partie du monde arabe, à l'intérieur de l'Afrique noire, dans les steppes asiatiques (populations nomades) et en Océanie, là où le sol était soit à personne, soit à tout le monde. Il est clair qu'une définition de la propriété (et par voie de déduction de la liberté) construite sur ce «principe» doit paraître absurde à tous ces peuples.

Quant à la structure de partis, elle suppose une division en classes sociales et une certaine homogénéité ethnique et religieuse de la population, caractéristiques qui ne correspondent à rien partout où, par exemple, il existe un système de castes socio-religieuses ou une structure tribale axée sur les différences ethniques. Dans ces régions, les partis créés au nom de la démocratie ou bien correspondront directement aux castes et aux tribus et feront double emploi tout en exacerbant les différences, ou bien ils seront plaqués artificiellement sur des communautés où ils ne feront qu'ajouter à la confusion. Dans une hypothèse comme dans l'autre, on ne voit pas comment ils pourraient jouer leur rôle efficacement dans le mécanisme de gouvernement et apporter les bienfaits qu'ils promettent.

Un ouvrage récent exposant de façon très articulée, quoique assez aride, ce niveau de critique, est celui de Bertrand Badie, *L'État importé: l'occidentalisation de l'ordre politique* (Fayard, 1993). Il souligne qu'en réalité, non seulement la démocratie mais aussi son rival le socialisme sont des produits culturels européens; il fait cependant porter une bonne part de la responsabilité aux élites locales, incapables selon lui de faire les adaptations qui s'imposent — mais ne souligne pas assez que ces élites sont souvent trop européanisées, trop coupées de leurs propres racines pour réussir une transposition qui est peut-être carrément impossible.

DES CARENCES PLUS FONDAMENTALES

Je refuse d'emblée le premier des types d'analyse cidessus: prétendre que des crises de société sont causées par des «erreurs humaines» fausse le problème et empêche de comprendre le jeu réel des forces en présence; il est clair que tout système politique viable doit tenir compte efficacement des aléas de la nature humaine et ne peut donc les invoquer comme alibi. En revanche, je crois que les deux autres niveaux de critique (dérive du modèle et écart culturel) reposent sur des bases valides. De fait, dans les pages qui suivent, j'y ferai souvent écho. Mais sont-ils suffisants? A mon avis, non. Ils ne vont pas jusqu'au fond du problème et ce serait une grave erreur de nous en contenter.

C'est la raison pour laquelle l'essentiel de mon propos se situe ailleurs, dans un quatrième niveau d'examen plus fondamental où pratiquement personne n'ose s'aventurer aujourd'hui, sans doute de peur d'être taxé de lèse-libéralisme. La question qui me tracasse et que je crois essentiel de poser est la suivante: **est-ce que, même en supposant des gouvernants honnêtes élus selon les règles, même dans une formule politique corrigée et modernisée, même dans un cadre social et culturel propice, le régime démocratique fonctionne?** Ou n'a-t-il pas plutôt des tares inhérentes et plus ou moins cachées, des vices de structure et de mécanisme qui en font, selon le mot de Churchill, un «mauvais système»? Parmi les plus évidents de ces défauts, il y aurait les trois suivants:

a) Une mauvaise méthode pour choisir des leaders.

b) L'impossibilité de planifier à long terme.

c) L'émergence inévitable d'une société en perpétuel conflit.

C'est à cette interrogation que sera consacré le gros de ce qui suit. Pour cela, nous examinerons ensemble la nature du «contrat social» qui est censé lier un peuple et ses dirigeants, le conflit endémique entre les notions de «respect des libertés individuelles» et de «défense du bien commun», les ratés évidents dans notre processus de choix de dirigeants, les difficultés de penser à long terme (et de corriger le tir à court terme) dans un contexte électoraliste et enfin les liens conflictuels mais très forts qui existent entre la démocratie libérale et le capitalisme.

A quels résultats nous mènera cette étude? Ceux qui attendraient d'un survol aussi bref l'énoncé d'une solution complète et immédiatement applicable seront déçus; mon but n'est pas de boucher l'horizon avec une autre formule toute faite, mais de l'ouvrir à de nouvelles étapes de réflexion et de discussion. Comme je le notais dans l'introduction, ma démarche est celle d'un vulgarisateur technique, non d'un idéologue; il me suffit ici de démonter le mécanisme et de faire comprendre pourquoi il fonctionne si mal. Je me contenterai donc de soulever quelques hypothèses et de souligner un certain nombre de pistes, suggérées par la logique ordinaire et par une vision non sectaire des situations, qui seraient susceptibles de nous propulser, graduellement ou brusquement, pacifiquement ou violemment, «par-delà la démocratie».

2

Le compromis du contrat social

POUR CERNER LA NATURE DE L'ÉTAT et du phénomène politique, on échafaude souvent de grandes théories, on cite des arguments d'autorité, on se livre à une dissection fine des techniques et des procédures. Ces démarches sont sans doute appropriées aux besoins des praticiens du pouvoir et de ces auteurs qui se sont donné pour mission de les éclairer et de les conseiller.

Elles ne conviennent pas ici, car mon objectif est tout différent: je m'adresse à tous les citoyens des pays dits démocratiques et de ceux qu'on tente de convaincre de le devenir. Pour saisir les grandes lignes du sujet quand on n'y est pas déjà expert, mieux vaut partir des faits les plus simples, par l'observation des sociétés aux diverses étapes de leur croissance, et procéder par étapes vers des constats plus généraux. Heureusement, il existe dans le monde actuel des exemples fonctionnels de pratiquement tous les stages d'évolution d'une nation, depuis les minuscules tribus troglodytes de Bornéo ou des Philippines jusqu'à la complexité supranationale de la Communauté européenne, en passant par les structures tribales africaines, le patriarcat nomade de certains peuples arabes, le féodalisme de plusieurs États orientaux, le fédéralisme canadien ou allemand et la théocratie iranienne. La matière première ne manque donc pas.

Commençons par nous entendre sur les mots. Il existe plusieurs termes qu'on utilise indifféremment pour désigner les phénomènes politiques, mais dans le cadre d'une réflexion comme celle-ci, il est utile d'en distinguer les nuances et de se mettre d'accord sur le sens de chacun.

Peuple: Ensemble d'êtres humains vivant sur le même territoire ou ayant en commun une culture, des moeurs, un système de gouvernement.

Société: État des êtres qui vivent en groupe organisé. Ensemble d'individus unis dans un même groupe par des institutions, une culture, etc.

Nation: Communauté humaine définie comme entité politique, réunie sur un territoire ou un ensemble de territoires propres, et organisée constitutionnellement en État.

État: Personne morale de droit public qui personnifie la nation à l'intérieur et à l'extérieur du pays dont elle assure l'administration.

Gouvernement: Pouvoir qui dirige un État.

Selon ces définitions (tirées tout bêtement du *Dictionnaire Hachette de la langue*), il y a un certain flou entre les sens des mots peuple, société et nation. Tous désignent la communauté humaine; la distinction que l'on peut faire est que le premier met l'accent sur la masse des citoyens, le second sur les liens sociaux et culturels, le troisième sur la dimension politique. En revanche, les définitions de l'État et du gouvernement sont plus spécifiques: l'un est la «personne morale», l'entité juridique qui représente la souveraineté de la communauté et l'autre est l'appareil administratif qui en assure la gestion.

En pratique, si on se fonde sur ces définitions, la société n'est pas une entité politique, même si son évolution a des incidences politiques importantes. Le peuple peut être divisé, la nation est toujours une. Un corollaire important et imprévu de cette distinction est que si les politiciens représentent la nation, ils doivent prendre ses ordres d'elle. S'ils représentent le peuple, ils gouvernent selon leur propre jugement, sans être astreints à respecter les divers courants de l'opinion publique. On verra un peu plus loin que cette différence a des conséquences pratiques.

On peut aussi poser que le bien commun et les pouvoirs politiques souverains appartiennent à la nation, mais sont gérés ou exercés par l'État, comprenant une fonction législative (la ou les Chambres), une fonction exécutive et administrative (le gouvernement), une fonction judiciaire (les tribunaux) et je suis tenté d'y ajouter une fonction informative (la presse). Cette dernière n'a ce statut officiellement reconnu, et encore indirectement, que dans un seul pays, les États-Unis; c'est une situation qui devrait se corriger à mesure que l'importance de la fonction d'information sera mieux perçue dans les sociétés évoluées.

Le problème de vocabulaire étant réglé, la première question à se poser est celle de l'existence même d'un «contrat social», d'une entente explicite entre gouvernants et gouvernés qui fixe en quelque sorte les règles du jeu et qui puisse être prise comme base du fonctionnement démocratique. Parmi les «inventeurs» de notre système, Hobbes et Rousseau le postulent, Montesquieu et Bentham n'en voient pas la nécessité. En avons-nous vraiment besoin pour expliquer l'avènement du politique?

La simple observation de la réalité montre qu'il n'est pas nécessaire qu'il y ait contrat pour la formation d'une communauté humaine, tant que celle-ci n'est pas structurée. En effet, l'homme est une espèce grégaire et la vie en groupe (famille étendue, tribu, village) lui est naturelle sans qu'il y ait volonté consciente ni entente explicite; de la même façon, les fourmis, les cerfs ou les loups vivent en fourmilières, en hardes ou en meutes sans s'être entendus pour ce faire. Les seuls mécanismes de défense et de reproduction que possède l'être humain font qu'il ne saurait que très difficilement survivre au-delà d'une ou deux générations comme individu isolé ou même sous la forme d'une famille cellulaire.

Donc, contrairement à ce que croit par exemple Hobbes, la sociabilité doit faire partie du bagage génétique de l'espèce. Cela implique que, malgré ce qu'ont tenté de prouver les «utilitaristes» du siècle dernier et leurs descendants directs les libéraux, on devrait trouver chez nous un sens inné de l'intérêt commun et de la survie du groupe qui soit distinct de l'agrégat des intérêts individuels. Un indice de son existence est que la plupart des héros historiques le sont non pour avoir fait preuve d'individualisme et d'égoïsme, mais au contraire pour avoir su agir et souvent se sacrifier pour la communauté. Ce thème est trop fréquent dans l'ensemble des cultures humaines (aussi bien sur les plans religieux et militaire que politique) pour être un pur accident.

UN PACTE POLITIQUE

La rationalisation de la vie en groupe vient dans un second temps, qui peut survenir très vite, beaucoup plus tard ou jamais. Lorsque la communauté prend de l'importance, elle doit être organisée et gouvernée; à cette étape, elle devient société et découvre le pouvoir. En d'autres mots, on n'a pas besoin d'imaginer un «double contrat» comme le font certains philosophes, puisque son premier volet, celui qui cause la formation du groupe, est instinctif et commun à diverses espèces animales. Mais alors que chez celles-ci, l'organisation même de la communauté s'inscrit dans le code génétique, ce n'est pas le cas pour l'espèce humaine (même au niveau de la famille, qui peut être patriarcale ou matriarcale, nucléaire ou étendue): elle y varie selon les circonstances et les coutumes, ce qui incite à croire qu'elle doit faire l'objet d'un accord plus ou moins voulu, plus ou moins explicite.

Ce qui est propre à l'homme, et donc qui nous intéresse ici, est ce second volet, le contrat politique. Dans sa forme la plus primitive, il consiste à ce que les membres du groupe choisissent un chef ou se soumettent à lui et décident ou lui laissent décider de l'étendue de ses pouvoirs. Dans le second cas, on a une tyrannie dans le sens technique du terme, c'est-à-dire sans le caractère péjoratif que lui donne la langue courante; dans le premier, on crée habituellement un mécanisme de contrôle pour endiguer de possibles débordements: sénat, assemblée populaire, système électif, structure féodale...

A l'origine, le pouvoir est probablement indistinct: le législatif, l'exécutif et le judiciaire se trouvent entre les mêmes mains et répondent aux mêmes règles. Mais assez rapidement intervient une différenciation, parfois sommaire. On a des responsables pour la paix et des chefs pour la guerre, un exécutif se charge des travaux publics et des perceptions, la loi est fixée par la coutume ou par un édit (et souvent entérinée par les anciens), des juges civils ou religieux règlent les différends, la police se distingue graduellement de l'armée. Il ne s'agit pas encore de la «séparation des pouvoirs», qui est strictement une invention moderne, seulement de celle des tâches.

En cherchant bien, on trouvera sans doute des exceptions à ce processus, mais tout ce que j'ai pu voir dans la vie courante ou lire chez les historiens et les ethnologues indique qu'il constitue la règle la plus générale. Qu'il en existe une n'a rien d'étonnant, ni de miraculeux: elle répond à un ensemble de besoins communs à tous les hommes, que seule la vie en communauté peut satisfaire de manière durable: subsistance, abri, reproduction, sécurité. Quand Marx décrivait l'homme comme un «complexe de besoins», il pensait surtout en termes économiques; mais les besoins structurels de la reproduction (état civil) et de la sécurité (appareil judiciaire et complexe militaire) qui sont à la racine de plusieurs des pouvoirs de la société politique sont tout aussi réels et sans doute aussi importants.

Certains s'indigneront de ne pas trouver dans la liste le besoin de liberté. Mais pour autant que je sache, il est une résultante plutôt qu'un préalable. Il est difficile d'imaginer que la liberté soit réclamée avant même qu'on ait connu l'oppression; de fait, l'esclavage est un rapport social et économique trop répandu dans l'histoire des sociétés humaines sur tous les continents pour qu'on puisse poser le besoin de liberté comme instinctif ou «naturel». Pour cette raison on ne peut le considérer comme un article du pacte primitif.

Un autre «besoin élémentaire» favori des libéraux est le droit de propriété, depuis que John Locke a affirmé que «la fin principale de création de la société civile est la conservation de la propriété», surtout la propriété foncière. L'ennui, c'est qu'il a existé un grand nombre de sociétés humaines où on ne connaissait pas la propriété en général, et la propriété du sol en particulier. Celle-ci n'a pu apparaître qu'au moment où les communautés se sont fixées de manière permanente pour pratiquer l'agriculture; même là, le phénomène est loin d'être universel, par exemple dans certaines tribus autochtones nord-américaines où la terre cultivée était commune et où même les femmes et les enfants appartenaient à l'ensemble de la communauté. Donc, ce besoin non plus ne pouvait faire partie du pacte originel.

Voici une autre observation intéressante: dans les sociétés primitives, ce n'est pas l'individu qui est l'unité de base de l'organisation politique, mais la famille. L'homme isolé n'a pas de statut; il n'est accepté dans la bande que s'il s'intègre dans une cellule familiale par adoption ou mariage. Il est probable que l'inclusion dans la société de gens sans attaches n'est venue que beaucoup plus tard, après l'apparition de structures proprement politiques, et encore à un degré bien inégal d'une culture à une autre — on retrouve encore le concept de la famille comme assise de l'État chez Bodin et Althaus, dans l'Europe pré-démocrate du 16e siècle.

Des trois derniers paragraphes, il se dégage une conclusion importante. C'est qu'on ne peut prétendre que les fondements théoriques de la démocratie libérale telle que nous la connaissons («un citoyen, un vote» comme mécanisme politique, la propriété comme ressort économique et la liberté de la personne comme base juridique) soient naturels. Ils ne découlent pas non plus logiquement de l'existence du contrat, quels que soient par ailleurs leurs mérites éthiques ou pratiques.

LA NATURE DU CONTRAT

Tel que nous supposons qu'il existe, le «contrat social», entre le peuple de qui vient le pouvoir et ses gouvernants qui l'exercent, a forcément la nature d'un troc ou d'un compromis. Comme on l'a vu ci-dessus, le premier veut se voir garantir, à des degrés divers selon les époques et les régions, un certain nombre de services dont les plus courants sont:

- la possibilité de se reproduire (état civil régularisant la création et l'évolution des familles);
- la sécurité interne (police) et externe (armée);
- un traitement équitable des différends avec l'autorité ou avec d'autres membres de la communauté (tribunaux);
- une répartition des richesses et des charges communes (fiscalité et réglementation) qui lui accorde une chance raisonnable d'assurer sa subsistance et d'avoir un toit.

En échange, il cède aux dirigeants une marge de manoeuvre plus ou moins grande dans la pratique du pouvoir et perd **inévitablement** une part correspondante de sa liberté d'action comme personne et comme citoyen.

Ce dernier élément est majeur et conditionne tout le reste; il repose sur la relation étroite et conflictuelle qui existe entre les idées de sécurité et de liberté. On admet universellement que le premier devoir d'un État est d'assurer la sécurité de ses sujets; c'est celui des besoins qu'il faut d'abord combler, sans lequel aucun des autres ne peut être satisfait. En particulier, si on se place du point de vue de la pensée libérale, il ne saurait y avoir liberté réelle sans une certaine dose de sécurité; c'est même ce qui fonde en premier lieu la nécessité de l'«État de Droit», pour éliminer l'arbitraire du despotisme d'une part, l'anarchie de la loi de la jungle de l'autre et pour protéger le droit de propriété privée, incarnation suprême de la liberté.

En revanche, le sens commun dicte qu'il ne saurait y avoir sécurité véritable sans restriction à la liberté. La démonstration la plus simple en est la suivante: la sécurité peut prendre deux formes, extérieure et intérieure, dont il est facile de comprendre la nature si on les symbolise respectivement par le rempart et le garde-fou. Le premier protège contre les autres, le second contre soi-même; le premier restreint le mouvement et donc la liberté de ceux qui sont au-dehors, le second circonscrit l'action de celui qui est au-dedans. Dans nos sociétés, on trouve ces deux types, soit distincts, soit combinés, dans les lois et les institutions: le premier sera représenté par l'armée, les lois punissant le crime, ou celles sur l'immigration; le second par la police de la route, les lois contre le suicide, celles sur la drogue et l'alcool, etc. Il s'ensuit qu'il doit y avoir une double contrainte à la liberté, plus ou moins importante selon que les mesures de sécurité sont plus sévères et donc plus efficaces.

Cette relation ambiguë entre liberté et sécurité est décrite de manière lapidaire par la formule de Wendell Phillips «Le prix de la liberté est une éternelle vigilance», c'est-à-dire une éternelle insécurité; le problème est de savoir si les peuples sont prêts à payer ce prix, ou si on peut équitablement les y obliger. Dans sa passion pour les droits individuels, le discours de la démocratie à l'américaine (qui pour l'instant donne le ton au reste du monde) passe complètement sous silence à la fois l'essentiel caractère de compromis du contrat social et l'évidence philosophique que liberté et sécurité sont des contraires plus que des compléments. Cette omission a des conséquences beaucoup plus vastes qu'on pourrait le penser. Ainsi, on voudrait que partout, les citoyens ne confient à l'État que les mêmes fonctions minimales et, donc, préservent la totalité de leur liberté. Mais les circonstances (notamment les menaces à la sécurité et les exigences économiques) et les traditions ne sont pas les mêmes partout; il en résulte des déséquilibres structurels et fonctionnels qui expliquent très bien les désordres et même les rejets brutaux de la formule qu'on constate souvent dans les pays plus récents.

UN PROBLÈME DE POUVOIR

La vision de l'État dans l'Antiquité, même chez les défenseurs de la démocratie comme Solon ou Périclès, était fortement totalitaire, car le besoin d'ordre et de sécurité y était infiniment plus immédiat que le danger d'oppression de la part d'un pouvoir encore balbutiant. La façon dont les Grecs définissaient la liberté est d'ailleurs significative: c'était le droit de n'obéir qu'à la loi. «La Cité a exercé une action libératrice en délivrant le citoyen de l'assujettissement où il était à l'égard des personnes, groupes ou droits particuliers, mais parallèlement, elle exigeait qu'il reportât sur elle la somme de ses dévouements antérieurs», explique Jean Touchard dans son *Histoire des idées politiques.* Donc, le pouvoir politique n'était pas un danger pour la liberté, il était au contraire son créateur et son garant; mais il exigeait en échange l'acceptation de son autorité. Cette idée a survécu telle quelle à travers toute l'histoire de l'Occident jusqu'au milieu du 18e siècle (on la retrouve chez Montesquieu), même sous l'oppression des souverains; celle-ci était vue non comme un démenti de la règle, mais comme une infraction à la «loi naturelle».

John Locke et Jean-Jacques Rousseau ont été les premiers à défendre l'idée d'une protection spécifique de l'individu contre l'arbitraire étatique. Leur objectif initial était de combattre non pas les abus du pouvoir en soi, mais ceux du pouvoir capricieux d'un monarque absolu; leur justification était que dans «l'état de nature», l'homme était entièrement libre. Cette dernière illusion s'expliquait à l'époque où l'on pouvait croire au Bon Sauvage; l'ethnologie nous a appris depuis que cet état est pure fiction, que l'homme même le plus primitif ne se trouve jamais qu'en groupes, dans lesquels surgit déjà une forme primaire d'autorité, et que l'esclavage est une des plus anciennes formes connues de relation sociale.

L'Américain Thomas Jefferson et l'Anglais John Stuart Mill ont fait un pas de plus, disant que la liberté est un bien en soi qu'il faut garantir contre toute atteinte, y compris contre les actes d'un gouvernement issu du peuple souverain (la tyrannie de la majorité). Tous deux associaient cette idée à celle de «la poursuite du bonheur», une expression qu'on retrouve en toutes lettres dans la Déclaration de l'indépendance américaine et dont ils considéraient que l'absence de toute contrainte était un élément essentiel.

Pourquoi ce brusque virage et cette insistance sur une conception nouvelle et extrême de la liberté qui a fini par devenir le thème dominant de l'évolution politique de l'Occident, alors qu'elle ne se retrouve nulle part ailleurs au monde? Pour le comprendre, il faut savoir que dans la définition de la démocratie qu'on était alors à mettre au point, le «gouvernement issu du peuple» échappait immédiatement au contrôle de celui-ci et tombait entre les mains d'une classe sociale beaucoup plus restreinte. En Occident, le droit de vote a d'abord été étroitement relié au droit de propriété. Il était «censitaire», c'est-à-dire qu'il ne s'appliquait qu'à ceux des habitants d'un pays qui pouvaient démontrer un certain niveau de richesse ou de possessions foncières. La même règle jouait pour déterminer qui avait le droit d'être élu.

La «révolution démocratique» occidentale qui s'est déroulée en gros entre les années 1780 et 1880 a eu d'abord pour objectif et pour effet de renverser l'ordre monarchique et aristocratique existant et de le remplacer par un pouvoir des propriétaires, c'est-à-dire essentiellement des bourgeois. Ceux-ci, une fois en place, n'avaient pas l'intention de se laisser déposséder à leur tour par la masse populaire qui avait été leur alliée incontournable à l'étape précédente; ils ont donc prévu des mécanismes assurant que leur mainmise serait durable. Le premier et le plus important a été celui de la représentativité.

Dans les républiques antiques, l'autorité continuait d'appartenir au citoyen, et celui-ci pouvait à tout moment la reprendre des mains des dirigeants pour la donner à d'autres; c'était une démocratie «délégative» où l'indépendance des individus était garantie par leur droit d'intervention directe dans le pouvoir politique. Dans notre système au contraire, le peuple ne délègue pas le pouvoir temporairement. Il le cède une fois pour toutes et n'a ensuite plus de fonction dans le mécanisme de gouvernement, sauf comme contribuable et occasionnellement comme électeur pour déterminer quels seront les prochains dirigeants. C'est ce qu'on appelle une démocratie «représentative»: nos représentants élus possèdent de plein droit le pouvoir et l'exercent comme bon leur semble, ils ne doivent de comptes qu'à la fin du mandat.

Cette notion est reliée intimement au principe déjà mentionné de l'«État de Droit», avec pour justification habituelle qu'elle protège la foule volatile contre sa propre impétuosité. L'explication plus élitiste donnée par la plupart des auteurs est que cette foule, ignare et agitée de passions, est incapable du raisonnement rationnel nécessaire à la prise des décisions politiques. A l'ère moderne, on y a ajouté que la taille croissante des nations rendrait l'idée de démocratie «directe» impraticable, même si on la jugeait souhaitable.

Cette absence de contrôle populaire sur l'État pouvait entraîner une nouvelle forme de despotisme, qui entachait la légitimité de la formule et la rendait plus difficile à faire avaler par l'ensemble de l'électorat. C'est pourquoi les premiers régimes démocratiques (États-Unis et France) se sont efforcés de rétablir l'équilibre en reconnaissant explicitement le droit à l'insurrection armée en cas d'abus de pouvoir. C'est là l'origine du «droit de porter des armes» accordé à tous dans la constitution américaine; ce droit est sans valeur de nos jours en raison de la disproportion entre les arsenaux fabuleux détenus par l'État et les fusils plus modestes des particuliers, mais il avait un sens à l'époque.

Très tôt, les constitutionnalistes ont éliminé de la plupart des textes la notion beaucoup trop explosive d'insurrection légitime. En contrepartie, ils ont inscrit pour la liberté individuelle, se fondant sur Locke et surtout sur Stuart Mill, des garanties qui semblent en faire un absolu au-dessus même de la souveraineté des nations. De nos jours, par exemple, la Charte de l'ONU insiste pour que ces garanties soient les mêmes partout et fixe la barre très haut en principe. On verra même qu'elle ne laisse à la «volonté souveraine» des peuples pas la moindre latitude pour déterminer le compromis qui lui paraît le plus souhaitable entre le pouvoir de l'État et la liberté du citoyen.

Dans la pratique, les choses se passent autrement: comme on pouvait s'y attendre, le degré de restriction des libertés est directement proportionnel à l'importance du rôle confié à chaque État et varie considérablement d'un pays à l'autre en fonction de sa culture aussi bien que de son degré d'évolution. L'Angleterre, «berceau de la démocratie», déroge elle-même à la règle puisqu'elle fait confiance à son Parlement pour contrôler et modifier toutes les lois, y compris la Constitution, et que son tribunal suprême a simplement le statut d'un comité de parlementaires avec pouvoir de recommandation. En conséquence, les droits de la personne y sont moins protégés formellement que, par exemple, en Iran... alors qu'en réalité, ils y sont mieux défendus par la coutume que pratiquement partout au monde.

Vous pensez peut-être que je passe trop de temps sur ce point et que même si l'«état de nature» n'était qu'une fiction, il a bien joué son rôle en apportant à l'individu un degré de liberté inconnu jusqu'alors. Patience. Je veux simplement montrer dans un premier temps que cet «absolu» de liberté (quelque souhaitable qu'il soit) a été mis en place pour répondre à un besoin pratique et qu'il est fondé sur une erreur de perspective causée par des circonstances propres à une époque et à une culture; dans un second temps, nous verrons comment il se montre dangereux et contradictoire à l'usage.

Que les droits individuels soient ou non le fondement inattaquable du système est une question qui mérite donc une attention toute spéciale et nous y reviendrons sous un autre angle au prochain chapitre. Disons pour l'instant que ce débat est difficile à tenir objectivement au moment où de multiples défenseurs des droits de l'homme font tonner (souvent à juste titre, je l'admets) l'éloquence de leur indignation bien plus fort que la voix un peu plate de la raison.

QUEL RÔLE DOIT JOUER L'ÉTAT

Paradoxalement, les deux grandes idéologies occidentales semblent s'être entendues pour minimiser le rôle de l'autorité publique en démocratie, à partir de points de vue opposés. Pour les marxistes, l'État libéral est là pour protéger la classe possédante, et il ne saurait y avoir de liberté à long terme qu'en l'abolissant. Pour la plupart des capitalistes, l'État ne doit qu'assurer la liberté des citoyens et la défense de la propriété privée. Pour le reste, moins il en fait, mieux c'est, car il leur laisse ainsi les mains libres pour tirer le plus grand profit possible de la situation; certains sont même sincèrement convaincus que ceci est pour le plus grand bien du plus grand nombre (c'est la théorie récemment à la mode du *trickle-down effect*).

Mais si on se fie à ce qui précède, il est plus logique et plus utile, au moins pour la compréhension des choses, de relier la nature et l'étendue de l'influence de l'État au contrat social et donc aux besoins que la majorité des gouvernés veulent voir satisfaits. Que certains groupes tentent d'amener cette majorité à adopter leur vision propre et y réussissent parfois, faussant ainsi le portrait, n'empêche pas cette approche d'offrir une vision plus réaliste et plus souple, moins sectaire de la question.

On constate immédiatement que certaines fonctions, notamment celles qui ont trait à la satisfaction structurelle des besoins humains premiers, s'imposent comme découlant de la nature même de la société (elles ressortent de ce qu'au Siècle des lumières on appelait la «loi naturelle»); ce sont celles qui font partie du contrat social élémentaire et on les retrouve toujours dans les constitutions comme appartenant de droit aux pouvoirs publics. Elles comprennent notamment la sécurité interne et externe, la justice, la perception des impôts, l'état civil.

On peut bien sûr citer des cas où certaines de ces tâches ont été confiées à des organismes privés ou même à des individus. Dans l'Europe monarchique, des hauts fonctionnaires achetaient littéralement leurs charges, qu'ils traitaient ensuite comme des propriétés personnelles au point de les léguer à leurs enfants; certaines fonctions lucratives mais impopulaires comme la perception des taxes et impôts étaient «louées» en fermage à des entrepreneurs indépendants. Plus près de nous, aux États-Unis, certains États ont fait l'expérience d'attribuer à contrat la gestion des prisons et le pouvoir de dresser des contraventions. Le clergé catholique du Québec a longtemps administré directement l'essentiel de l'état civil (naissances, mariages, décès), tandis que dans bien des pays musulmans, la justice est toujours l'affaire de chefs religieux.

Il y a à cette objection trois réponses distinctes, selon les cas. La vénalité des charges était non pas un effet de la volonté populaire, mais de la cupidité ou du besoin d'argent des souverains; elle était unanimement contestée et déplorée. Le fermage et l'impartition (qui consiste à donner une tâche à faire sous contrat) ont pour effet de confier le travail à l'extérieur, mais la responsabilité première demeure à l'État; de toute façon, ils se sont généralement montrés inefficaces et dispendieux quand ils portent sur des activités de caractère public. Enfin, là où le clergé joue un rôle direct dans les fonctions civiles, on note qu'il n'y a pas séparation de l'Église et de l'État et donc qu'à toutes fins pratiques, la hiérarchie religieuse est traitée comme un simple prolongement de celle du gouvernement ou vice-versa.

Une seconde catégorie comprend des tâches qui ne font pas clairement partie des besoins élémentaires, mais qui sont au-dessus des forces des individus ou des familles, ou qui exigent la présence d'un arbitre impartial: voirie, transports publics, réglementation de la santé et des échanges commerciaux, éducation. Ici, la pratique varie d'une nation à l'autre, mais dans la majorité des cas, on tend à confier ces activités à l'autorité publique avec, souvent, la présence en parallèle de mécanismes privés.

D'autres fonctions enfin dépendent directement des circonstances historiques, économiques ou géographiques et la manière dont elles sont régies peut donc varier considérablement d'un État à un autre. Ainsi le fait qu'un pays jouisse ou non d'une autosuffisance alimentaire conditionne visiblement le niveau d'intervention publique dans son agriculture. Selon la nature de la principale activité économique (extraction de matières premières, industrie lourde, technologie de pointe, commerce et finance à l'échelle internationale) et la part du territoire appartenant au domaine public, la participation de l'État et son activité réglementaire y seront plus ou moins importantes. Même dans les pays occidentaux très libéraux, il suffit qu'une guerre survienne pour que s'implante une planification étatique de la production et que la liberté de parole et d'information, la plus fondamentale dans nos démocraties, soit immédiatement encadrée et surveillée.

Il faut aussi tenir compte des réalités psychologiques et culturelles. Notre vision du contrat social ne se résume pas aux seuls intérêts matériels immédiats, elle est nettement colorée par nos antécédents et nos façons de penser. Que celles-ci soient à leur tour marquées par les réalités économiques est indéniable; cela ne veut pas dire qu'elles n'ont pas une existence propre et en particulier qu'elles ne peuvent pas survivre longtemps aux conditions qui leur ont donné naissance. Des auteurs comme Max Weber ou R. H. Tawney ont déjà fait une démonstration probante du rôle joué dans l'évolution de la démocratie par le christianisme, en particulier par le protestantisme anglais.

D'autres régions du monde peuvent avoir des préjugés et des attentes bien différents, simplement à cause de différences subjectives de culture. Il est évident, par exemple, qu'une étude de l'évolution chaotique du sous-continent indien qui ne tiendrait pas compte des problèmes de religions, d'ethnies et de la structure de castes, donnerait un portrait très incomplet et même profondément faussé d'un bon cinquième de l'humanité, tout en respectant les règles de l'analyse économique. De même, le découpage (à la Conférence de Berlin en 1885) de l'Afrique noire selon les intérêts des colonisateurs et sans tenir compte des réalités tribales fait que depuis lors, ce continent est victime de constants soubresauts qui vont à l'encontre de ses avantages sociaux et économiques.

Il ne s'agit pas pour moi de faire l'inventaire de toutes ces différences et de tous ces décalages. Mais il faut souligner avec le plus de force possible que l'argumentation courante pour une vision minimaliste du rôle de l'État et pour sa non-intervention dans l'ordre économique n'a de base solide, matériellement ou culturellement, que dans un nombre limité de pays et sur une assez courte période. Sa généralisation dans le reste du monde et sur le long terme, loin de résoudre les problèmes, risque fort de les accentuer et surtout de provoquer un divorce explosif entre les vues de peuples encore plongés dans des réalités pratiques et sociologiques spécifiques et celles de leurs gouvernants aliénés par une éducation européanisée et technique.

Avant de passer à un autre thème, il importe de jeter un coup d'oeil au mécanisme principal par lequel cette argumentation minimaliste et mondialiste est défendue et pratiquement imposée, celui des instances internationales et, au premier chef, celui des Nations-Unies.

LE «NOUVEL ORDRE» OLIGARCHIQUE

Alors que les puissances du «monde libre» insistent en paroles pour le respect des règles démocratiques libérales au niveau de chaque État, elles sont en train de mettre sur pied un «nouvel ordre mondial» fondé sur de tout autres mécanismes. L'ONU, dans sa Charte, affirme hautement les principes de la souveraineté des peuples et du droit à l'élection libre par scrutin secret. Dans la pratique, quand elle ne les invoque pas pour justifier des opérations plus ou moins suspectes, elle fait souvent fi de ces principes et pratique l'inverse de ce qu'elle prêche en adoptant des fonctionnements marqués au coin d'une ferme tendance oligarchique.

D'abord, l'admission et le maintien d'un État parmi ses membres ne tiennent pratiquement pas compte de l'adhésion à ces idéaux, mais seulement d'une constatation de «légitimité» qui se résume en fait à la possession du pouvoir. Si on suspendait de l'organisme tous les pays qui, à la suite d'un coup d'État ou autre avatar, se trouvent à en enfreindre la règle la plus fondamentale, il ne resterait plus grand-monde dans la salle. Statistiquement parlant, les pays dont le gouvernement a été élu par le peuple y sont toujours en très nette minorité.

Deuxièmement, en imposant des garanties rigides des droits du citoyen (inspirées de la pensée occidentale et ne tenant aucun compte du niveau de développement de chaque société politique), l'ONU contredit clairement son propre principe du respect des souverainetés nationales et du droit sacré des peuples à disposer d'eux-mêmes. En supposant que ces garanties sont universellement valides, on peut croire qu'une stratégie fondée sur l'acceptation de l'évolution de chaque nation et sur l'effet d'entraînement de l'éducation populaire et de l'exemple des pays plus avancés donnerait des résultats peut-être moins rapides, mais plus durables que les méthodes violentes actuellement employées.

Troisièmement, la seule instance vraiment «démocratique» des Nations-Unies, l'Assemblée générale, n'a aucun pouvoir exécutoire et ne joue qu'un rôle consultatif. Dans l'organe décisionnel qu'est le Conseil de sécurité, on compte un tiers de membres permanents qui sont en fait un club oligarchique dont trois des joueurs sont des démocraties à l'occidentale (USA, France, Royaume-Uni, par un heureux hasard trois de ceux qui contribuent le plus au financement de l'organisation) et deux non (Chine, Russie). Quant aux autres membres, ils sont choisis en pratique par une sorte de cooptation de ces cinq, puisque sans l'accord de ces derniers, ils n'ont aucune chance d'être admis. Un bel exemple en est l'effort jusqu'ici vain du Japon et de l'Allemagne pour forcer la porte du club, alors qu'ils répondent clairement à toutes les conditions pour y accéder; le plus ironique, c'est que le jour où ils le feront, ils auront aussitôt partie liée avec les autres pour maintenir le *statu quo*. Ce n'est pas sans raison qu'au milieu de l'été 1993, l'ensemble des États latino-américains ont vigoureusement réclamé une réforme en notant que là où ça compte, deux continents sont fortement surreprésentés, Europe (trois membres permanents) et Amérique du Nord (un pays sur trois) et tous les autres pratiquement absents.

Enfin, il faut remarquer que dans aucune instance de l'organisation internationale, le secret du vote n'est préservé; on trouve plus important de «connaître ses amis et ses ennemis» que de permettre à des pays plus vulnérables d'agir selon leur conscience ou leur intérêt, sans crainte de représailles.

Un autre exemple courant, au niveau économique cette fois, de la tendance oligarchique du nouvel ordre mondial est celui du GATT, l'Accord général sur les douanes et le commerce. Par son évolution depuis les années 1950, il tend à imposer un modèle d'échanges commerciaux fondé sur une vision occidentale et industrielle qui, selon toute vraisemblance, devrait maintenir ou même creuser l'écart actuel entre riches et pauvres. Par exemple, les règles qu'il veut actuellement mettre en place empêcheront carrément des pays plus jeunes d'adopter les stratégies de croissance (auto-capitalisation, protection temporaire des marchés internes, planification coordonnée par l'État) qui ont si bien réussi au Japon et aux «quatre tigres» de l'Est asiatique et qui sont les seules à avoir démontré leur efficacité durable pour un pays sous-développé au cours des dernières décennies.

Plusieurs économistes et gestionnaires du Tiers-monde soulignent que cette «mondialisation du commerce» est presque uniquement mise de l'avant par les membres du Groupe des sept et que le reste de la planète ne peut que la subir. Ils y voient deux défauts majeurs qu'on évoque rarement:

a) La disparition des barrières et des contrôles sur l'import-export alimentaire va retirer aux États leur maîtrise de l'agriculture nationale. Or, l'obligation d'assurer la nourriture à son peuple est, avec celle de protéger sa sécurité, le tout premier devoir et la toute première mesure de la souveraineté d'un pays. Il n'est pas surprenant que la plupart des promoteurs de cet aspect du GATT soient autosuffisants ou même excédentaires à cet égard et que ses adversaires y soient déficitaires. Il serait intéressant de voir par exemple si les États-Unis, devenus par un accident du sort dépendants de l'importation pour se nourrir, seraient toujours d'aussi fervents avocats de la non-intervention de l'État en matière agricole?

b) Là où les infrastructures industrielles sont faibles ou inexistantes, la mise en oeuvre du GATT a déjà pour effet que les seules entreprises locales à prospérer sont celles qui font de l'importation, tandis que l'essentiel de la production de biens usinés (qui est presque toujours modeste) est réalisée par des capitaux venus et contrôlés de l'extérieur. Dans un cas comme dans l'autre, le résultat net est non pas un enrichissement, mais un appauvrissement de l'économie du pays par une sortie de devises, soit sous la forme d'achats à l'étranger, soit sous celle de récupération de profits. La «compensation» en salaires versés aux travailleurs du pays par les producteurs étrangers est loin d'être toujours équivalente. Sans être économiste, j'ai eu l'occasion de constater personnellement la dimension dramatique de ce phénomène, notamment en Algérie et dans quelques pays de l'Afrique noire.

Même en m'en tenant à ce très rapide survol, je pense avoir montré à quel point le «nouvel ordre mondial» prôné par le club des nations qui se disent démocratiques tient peu compte en pratique de la souveraineté des peuples et de certaines des valeurs fondamentales qu'il attribue à la démocratie.

JUSTIFICATION MORALE OU PRATIQUE

Pendant un bon siècle, on a défendu le concept démocratique à partir d'une argumentation morale: c'était, disait-on, la seule façon équitable d'assurer le respect du contrat social entre le peuple et ses gouvernants et de préserver la liberté des individus contre l'arbitraire du pouvoir. Mais plus on étudie le mécanisme et plus on en considère les effets, plus il devient clair que ni la morale ni l'équité n'y trouvent vraiment leur compte. Ainsi, il est notoire que partout, à l'exception peut-être de l'Allemagne (qui de toute manière n'était pas à l'époque une démocratie mais un régime despotique «éclairé»), ce ne sont pas les principes du libéralisme, mais les pressions populaires et syndicales et la peur du socialisme qui ont amené la plupart des mesures d'équité économique et de sécurité sociale. D'autre part, les gouvernements ont trouvé de multiples méthodes pour contourner la règle de la «liberté de la personne» ou pour la retourner contre elle-même, afin d'étendre et de renforcer leur autorité là où ils en sentaient le besoin.

C'est pourquoi cet argument «moral» est aujourd'hui absent du discours des défenseurs les plus lucides du système: ceux-ci ne le prônent plus parce qu'il est bon ou juste, mais uniquement parce que, de leur point de vue, il fonctionne. Leur plaidoyer s'est vite résumé à affirmer que sous ce type de régime, les peuples occidentaux n'ont jamais été aussi puissants et aussi prospères. Le fait qu'ils prennent ainsi l'effet (démocratie) pour la cause (prospérité) n'a pas semblé les déranger. Il faut dire que du lendemain de la seconde guerre mondiale jusqu'aux chocs pétroliers des années 1970-1980, leur position était assez facile à défendre; elle l'est un peu moins aujourd'hui et ils tendent à se rabattre sur une comparaison non plus avec le passé, mais avec d'autres sociétés qui n'ont pas connu le même état de grâce.

Là encore, hélas, la preuve est de moins en moins évidente. Les travaux d'un groupe d'économistes de l'Université Harvard, qui ont analysé les conditions dans lesquelles un pays peut se sortir d'un état de sous-développement, montrent clairement la nécessité d'un régime politique autoritaire plutôt que d'une démocratie exemplaire. Les exemples récents de «success stories» dans ce domaine — Taiwan, Corée du Sud, Hongrie, Chili de Pinochet et tout particulièrement la Chine rouge — le confirment. Il est même symptomatique qu'une fois enrichis, certains de ces pays se découvrent soudain des velléités démocratiques, comme le soulignait récemment dans un article le sinologue Jules Nadeau. Lui-même et d'autres en tirent un argument en faveur de l'adoption universelle de la démocratie; il me paraît plus conforme aux faits d'y voir une autre preuve que celle-ci est un luxe de pays (nouveaux-)riches plus qu'une formule de succès pour pays pauvres.

L'objet de ce chapitre était d'examiner les rapports entre la structure politique et les besoins fondamentaux de la société, représentés sous la forme du «contrat social». Il est clair que la démocratie est une des formules trouvées, sans doute la moins mauvaise jusqu'ici, pour établir ces rapports sur une base de légitimité; rien ne prouve cependant qu'elle est la seule. Par la même occasion, nous avons vu comment, à cause des conditions propres à une époque et à une région du monde, des idées qui n'en faisaient pas partie au départ (représentativité, libertés et droits individuels) sont venues s'y greffer pour former avec elle un tout indissociable. L'ennui, c'est qu'à partir d'un certain point, ces idées entrent en contradiction avec les prémisses mêmes de l'idéologie démocratique et provoquent des conséquences qui mettent en danger l'efficacité et éventuellement l'existence du système.

3

Une société en guerre contre elle-même

DANS UN MONDE OÙ NOS VIES se déroulent au rythme des bulletins d'information et des gros titres de presse, les manchettes font chaque jour écho d'une procession pénible et bigarrée de conflits sociaux: manifestations, pacifiques ou violentes, des immigrés turcs ou bosniaques, des gays et lesbiennes, des pêcheurs de morue; contestations et condamnations par les défenseurs de l'environnement de telle action des gouvernements, débats et plaintes de telle ou telle minorité devant les tribunaux. D'une année à l'autre, on constate que ces querelles se multiplient, s'amplifient et s'enveniment. Certains prétendent qu'il s'agit là d'une illusion causée par l'action des médias. Ils se leurrent, faisant la très ancienne erreur de confondre le message et le messager. Nous vivons effectivement dans une société de plus en plus conflictuelle et ceci est directement lié au système démocratique.

Un des problèmes chroniques de la vie en société est l'inévitable et constant affrontement entre les désirs du citoyen et les exigences du bien commun. Il est évident que, sauf dans des situations de grande abondance et d'extrême homogénéité de la population, il est impossible à l'État de satisfaire tout le monde en même temps. A ce moment, il doit ou bien abdiquer son rôle, ou bien faire des choix difficiles pour assurer sa propre survie et sa propre vigueur, qu'il assimile à tort ou à raison à celles de la nation même. Ce faisant, il heurte tôt ou tard les intérêts d'une partie des individus ou des groupes qui composent la société. L'auteur qui me semble avoir le mieux décrit ce dilemme est Lester Thurow dans *The Zero-Sum Society.* Mais sans doute parce qu'il est économiste, il ne perçoit pas pleinement la dimension de ce qu'il expose: il en voit les aspects financiers et parfois juridiques, mais non les implications sociales et politiques.

Historiquement, le problème n'a rien de neuf, mais il prend une dimension particulièrement critique dans les régimes de type libéral. Fondé sur l'opposition des opinions de Jean-Jacques Rousseau et de John Locke, le questionnement sur la nature et l'étendue de la liberté de l'individu face aux impératifs de la volonté populaire a occupé une place importante dans les débats des deux grandes révolutions, aussi bien française qu'américaine, à la fin du 18e siècle. Les solutions adoptées ont été bien différentes des deux côtés de l'Atlantique et ont connu des fortunes presque opposées. La première plaçait le pouvoir souverain dans la nation et lui subordonnait les intérêts des citoyens. La seconde faisait reposer le pouvoir dans le peuple et confinait le gouvernement, légitimé par ce dernier, dans le rôle de gardien des droits et du bonheur individuels. Il reste encore, en France et dans d'autres pays latins, des traces de la thèse de Rousseau sur la primauté de la «volonté générale» et sur l'importance de la Nation; mais de nos jours, en particulier dans la perspective supranationale des Nations-Unies, c'est l'approche individualiste anglo-américaine qui triomphe.

Quel rapport y a-t-il entre cette situation et le système politique? Pour le comprendre, on doit considérer plusieurs facettes de la question qui, tout en étant distinctes de nature, sont tellement liées par leurs interactions qu'il est difficile de les traiter séparément. Ces facteurs à considérer sont les suivants: la primauté de l'individu érigée en principe, le gouvernement minimal et «gestionnaire», l'absence d'un consensus sur le bien commun, le foisonnement des groupes de pression, et la judiciarisation des désaccords.

L'INDIVIDU AVANT TOUT

On a vu plus tôt comment et pourquoi le concept de «droits de l'individu» s'est immiscé dans l'ensemble des mécanismes et des principes démocratiques. D'une part, il est venu de la nécessité de donner au simple citoyen des garanties solides contre l'arbitraire d'un État dominé par une oligarchie politique. D'autre part, il apportait une réponse pratique au problème agaçant de la légitimité morale et du fonctionnalisme des règles édictées par les assemblées élues au suffrage populaire.

Sa formulation actuelle est inspirée de John Stuart Mill, qui posait la liberté individuelle comme l'impératif suprême, le fondement premier du bonheur, au-delà même de la possibilité de manger à sa faim — qui, dans ce courant de pensée, doit être assurée non par l'État mais par les effets bienfaisants du capitalisme. L'énoncé le plus simple et le plus clair en est celui de la Cour suprême américaine (Oliver Wendell Holmes) au milieu du siècle dernier: on ne peut restreindre les libertés que lorsqu'elles «placent l'État dans un danger évident et immédiat».

Cette vision des choses est incarnée dans les diverses Chartes des droits qui servent de préambule à beaucoup de nos constitutions. Dans la plupart des pays, et pendant longtemps, elle n'a pas posé de difficulté sérieuse;

elle servait seulement de référence philosophique aux législateurs, qui y faisaient appel pour guider de manière plus ou moins précise leur pensée au moment de faire les lois. Mais depuis quelques décennies aux États-Unis, et beaucoup plus récemment ailleurs, elle a pris une tout autre dimension, un tout autre poids, avec l'apparition de groupes de pression qui utilisent la doctrine de la primauté des droits individuels comme arme pour faire avancer leur cause, souvent à l'encontre même de la perception qu'ont les gouvernements du bien commun. La création de tribunaux constitutionnels et l'extension des pouvoirs des Cours suprêmes ont donné encore plus d'ampleur à ce mouvement.

Un exemple caractéristique est celui de la bataille sur le droit à l'avortement aux États-Unis. Il s'agit indubitablement d'un «problème de société» qui a des retombées sociales et économiques importantes, en plus des problèmes religieux ou moraux qu'il peut poser. Or, les deux camps dans cette véritable guerre invoquent systématiquement des droits individuels inscrits dans la Constitution et dans la Charte, faisant à peu près totalement abstraction de la dimension collective et communautaire de la question. D'un côté, on plaide le «droit à la vie», de l'autre la «liberté de choisir». Et l'État, là-dedans? Il demeure prudemment sur la ligne de touche, évitant même d'arbitrer le match et surtout de prendre activement position ou d'injecter dans le débat les aspects politiques et sociaux dont il est pourtant le gardien tout désigné.

L'ÉTAT MINIMALISTE

Cette attitude est dictée bien sûr par des préoccupations électoralistes: aucun parti ne veut s'aliéner ouvertement les blocs importants de votes représentés par chacune des factions. Mais elle est aussi la manifestation d'une vision «minimaliste» du rôle du pouvoir public dans la société, qui affirme que l'État n'est qu'un mal nécessaire et qu'il doit prendre le moins de place possible dans la vie des humains. Ce thème a été maintes fois repris dans le discours politico-économique dominant depuis une quinzaine d'années. Il s'inscrit dans la lignée du «laissez faire, laissez aller» des physiocrates français et des traditionalistes britanniques à la Edmund Burke et satisfait pleinement les actuels conservateurs à la Reagan-Thatcher. A force de le répéter et de le lier à l'idée, toujours populaire auprès des contribuables, que «c'est parce que le gouvernement se mêle de tout qu'on paie trop d'impôts», il finit par prendre figure de vérité immuable.

Fidèles à cette vision étriquée de leur fonction, nos gouvernements ont tendance à se considérer strictement comme des équipes de gestionnaires et à «résoudre» le conflit individu-communauté en l'ignorant. Le phénomène est pour l'instant moins perceptible en Europe qu'en Amérique, mais on le sent nettement progresser en Angleterre, en Allemagne et même en France (dans le ton et dans certains des arguments du débat sur le sort des immigrants illégaux). Au lieu de prendre les décisions qui s'imposent au nom d'un bien commun qu'ils n'arrivent plus à identifier clairement, nos dirigeants en viennent à se limiter au rôle de spectateur passif ou, au mieux, à celui d'arbitre réticent entre divers organismes d'origine privée ou groupes de pression dont chacun prend sur lui de définir ce qu'il entend par bien commun. Ni les uns, ni les autres, ne semblent avoir conscience de l'illogisme de cette façon d'agir.

La réflexion la plus simple montre pourtant que sans communauté organisée et sans société structurée politiquement, il n'y a pas de base possible à l'existence des «droits de l'homme», pas de libertés individuelles autres que celles de la jungle, donc de la loi du plus fort. Cela, la théorie libérale l'admet implicitement lorsqu'elle pose comme prémisse l'existence de l'État de Droit, mais elle refuse d'accepter son incontournable corollaire: le gouvernement, organe de gestion politique de la société, a un rôle positif à jouer dans la vie de ses citoyens, ce qui lui donne des droits et des devoirs d'intervention autres que ceux, purement passifs ou négatifs, qu'on lui concède actuellement. Non seulement l'État n'est pas un mal nécessaire, mais encore il est la seule structure qui puisse garantir et harmoniser les libertés que nous avons. A ce titre, il se doit notamment de promulguer et faire respecter des règles gouvernant les relations entre les diverses communautés d'intérêt qui constituent une société complexe; pour l'instant, il le fait à contrecoeur et le plus souvent en fondant ces règles sur une extension pure et simple du droit des individus. Pis encore, il tend à les laisser élaborer par des tribunaux constitués de spécialistes non élus, par crainte d'affronter dans l'arène électorale la hargne des activistes de tout poil.

Dans la théorie classique de la démocratie depuis Locke et Montesquieu, le plus important de tous les pouvoirs est celui de faire les lois. Dans la pratique moderne, la moins puissante des branches de l'État est souvent le législatif. Sauf dans les cas exceptionnels (comme celui de la France après la débâcle de la Gauche en mars 1993), les Parlements ou les Assemblées nationales ne jouent plus guère que le rôle de tampons pour valider les décisions de l'exécutif. Et sur l'autre flanc, ils ont plus ou moins abdiqué leur capacité de fixer les normes de la société, laissant cette fonction aux tribunaux qui procèdent par «interprétation» des législations existantes, de leur propre jurisprudence et, en dernier recours, des Chartes des droits.

Cette évolution des assemblées élues vers une rigoureuse insignifiance est due pour une bonne part à l'influence des partis politiques dont la «discipline» coupe toute velléité d'indépendance aux députés qui ne font pas directement partie de l'exécutif, et pour le reste à l'effet de l'action de Cours suprêmes à qui on a donné le pouvoir de confirmer ou d'infirmer la plupart des décisions des parlementaires. Il faut aussi mentionner la manie, courante dans plusieurs régimes de type britannique, de faire des législations «spéciales» à court terme à propos de tout et de rien, le plus souvent pour résoudre des problèmes administratifs, ce qui a pour effet de priver graduellement la loi de son prestige, de sa pérennité et de sa légitimité.

Il est significatif que dans une foule de pays, on reprend tous les cinq ou dix ans le débat sur la nécessité de revaloriser la fonction de député. Certains ont même fait en ce sens des tentatives qui ont eu des résultats plus ou moins heureux, pour une raison bien simple: ce n'est pas le rôle du député qui est à repenser, mais celui de la législature. Cette erreur de perspective n'est d'ailleurs qu'une autre manifestation de notre tendance à envisager tous les problèmes sous l'angle individuel, alors même qu'ils portent sur l'ensemble d'une collectivité, d'un groupe ou d'une institution. A moins de redonner au Parlement en tant que tel une force décisionnelle et une capacité de débat réel sur les grands problèmes de nos sociétés, la grande majorité des élus du peuple continueront d'être à peine mieux que des potiches décoratives et des faire-valoir pour les exécutifs.

LE BIEN COMMUN, CET INCONNU

A long terme, il semble évident que le seul gouvernement apte à donner des résultats acceptables, même à l'échelle des satisfactions individuelles, est celui qui met l'accent sur le bien commun. Sur quelle autre base peut-il imposer les inévitables compromis entre des options qui sont à la fois souhaitables et contradictoires, par exemple la protection de l'environnement et le développement économique comme source de bien-être? Or deux obstacles majeurs se dressent face aux dirigeants qui voudraient emprunter cette voie, l'un d'ordre pratique et l'autre plus philosophique, mais tous deux directement reliés à des principes de base de notre système démocratique.

Le premier est que la recette éprouvée pour être élu dans notre système est de flatter les égoïsmes en faisant campagne pour l'accroissement des droits de chacun, sans jamais mentionner l'affaiblissement du pouvoir collectif qui, comme on l'a vu, en est la nécessaire contrepartie. La situation s'est aggravée avec l'émergence, depuis deux décennies surtout, de multiples groupes de pression et de minorités combatives dont les causes sont souvent valables prises isolément, mais dont l'effet d'ensemble est de forcer les gouvernants à décider en se fondant sur le poids relatif des forces en présence plutôt que sur l'intérêt général.

Le second, et le plus grave, est qu'on a perdu de vue ce que pourrait être le bien commun et que pour le retrouver, il faudrait que nos gouvernants adoptent une attitude beaucoup plus active et volontariste que celle que leur permet l'idéologie dominante. A mesure que nos sociétés deviennent à la fois plus hétérogènes et plus ouvertes, les consensus statiques sur des valeurs nées souvent d'une même religion, de coutumes anciennes et d'une éducation semblable se fragmentent et disparaissent. Reconnaître le fait ne veut pas dire le déplorer; cette variété nouvelle est un enrichissement pour toute la collectivité. Mais il faut aussi admettre qu'elle nous oblige à recréer sur une base infiniment plus complexe et plus dynamique une idée du bien commun qui puisse être partagée par tous, un ensemble de valeurs assez fortes pour servir de critères à des décisions parfois difficiles.

Pour beaucoup de gens, ceci est un thème «de droite» parce que le plus souvent, quand on énumère ces valeurs, on parle de travail, de morale religieuse, de respect de la famille, de patriotisme, etc. Mais on pourrait tout aussi bien évoquer l'esprit communautaire, le civisme, le sens du partage et de la solidarité, ces attitudes plutôt reconnues comme «de gauche» qui étaient aussi fort répandues chez la plupart de nos parents et grands-parents. L'essentiel est de retrouver ou de recréer un consensus sur le bien commun qui tienne compte de la nouvelle diversité de nos sociétés. De toute façon, on ne peut plus rêver de recréer un «code du bien commun» durable comme celui qui existait jadis; les changements sociaux sont si rapides et si variés qu'ils réclament de constants ajustements. Le mieux qu'on puisse espérer est la mise au point d'un ensemble de «règles de transformation» capables de baliser cette évolution.

L'absence d'une entente sur ce point a deux effets directs dont on n'a peut-être pas assez évalué le danger. Premièrement, dans le vacuum ainsi créé, la thèse libérale voulant que le bien commun ne puisse naître que de l'affrontement des intérêts individuels a pris, par défaut, la force d'un dogme. Le bien-être et l'avenir de la société sont perçus comme des marchandises dont on fait commerce sur une sorte de libre marché des idées. A première vue, ça semble n'être pas une mauvaise chose. Mais on se rend compte très vite dans ce contexte, et vu l'absence totale de lignes directrices, que ce n'est plus la logique, la vraisemblance, ni même l'opinion d'une majorité des citoyens qui compte, mais la qualité d'organisation, la force de la personnalité et l'étendue des ressources de ceux qui défendent telle ou telle position. Deuxièmement, cette approche crée dans la communauté un climat de perpétuelle confrontation entre blocs hostiles où le simple citoyen, cet «individu» dont on défend si férocement les droits, n'a plus un mot à dire. Il finit par se sentir à la fois impuissant et stressé par cette bataille rangée dont les fronts varient d'une semaine ou d'un mois à l'autre, mais dont l'intensité se maintient sans relâche ni trêve.

UNE MOSAÏQUE DE MINORITÉS

Entre autres sous l'effet du brassage de populations causé par les guerres, l'afflux de réfugiés et l'immigration économique, la plupart des États industrialisés, même les plus stables, ont perdu leur vieille homogénéité. Non seulement les cultures et les ethnies se côtoient et s'enchevêtrent sur les mêmes territoires, mais encore leurs membres manifestent une volonté croissante de s'imposer, de conserver leur visage propre: langue, rituel, costume, façon de vivre. Parallèlement, se manifestent divers groupes souvent brimés ou négligés par la population qui veulent faire valoir leurs droits, soit à l'égalité, soit à la différence, soit à un traitement qui leur paraît plus équitable: féministes, homosexuels, handicapés, personnes âgées, habitants de quartiers défavorisés... Et s'ajoutent à cela les alliances formées pour défendre diverses causes: écologistes, partisans ou ennemis de l'avortement, amateurs de cyclisme, d'architecture ancienne, clients des garderies publiques, etc.

On peut supposer que cette mosaïque de minorités est en partie une réaction contre le gigantisme de nos sociétés. Bon nombre de groupes et de mouvements naissent et veulent se faire une place au grand jour pour contrebalancer le poids trop massif des grandes entreprises et des institutions publiques géantes face auxquelles leurs membres se sentent démunis; leur taille plus restreinte et leur vision plus simple (pour ne pas dire parfois simpliste) des choses en fait des communautés avec lesquelles il est plus facile à un être humain ordinaire de s'identifier. C'est là un sentiment et une tendance qui ne peuvent qu'irriter les humanistes libéraux: ils se sentent forcés de sympathiser avec tout geste de protestation contre le gigantisme impersonnel de l'État et des multinationales, mais ce foisonnement de minorités regroupées sur la base de particularismes ethniques, culturels ou géographiques va à contre-courant de la vision égalitaire et internationaliste qui sous-tend leur philosophie.

Certains de ces organismes de pression n'ont qu'une existence brève, le temps de réaliser leur objectif ou de voir qu'il est irréalisable; plus souvent, ils se creusent une niche durable dans la société et deviennent des institutions. Parfois même, ils acquièrent une stature et un poids politique: les Verts en Europe, les *right-to-lifers* aux États-Unis. Le hic, c'est que pour faire valoir leurs revendications qui sont de nature collective, tous prennent appui principalement sur des droits définis de façon individuelle dans les Chartes des droits et les constitutions. En l'absence de notions et de traditions reconnues en ce qui concerne les droits des minorités ou des collectivités, ils ont peu de choix et, dans la plupart des pays, les tribunaux leur donnent de plus en plus raison. Mais il faut comprendre que ceci constitue un véritable détournement de la Charte et souvent une négation de la souveraineté du peuple qui devrait pourtant être le principe fondamental de la démocratie. En effet, la protection des libertés du citoyen a été imaginée pour assurer l'égalité de tous et pour empêcher l'appareil de l'État d'opprimer les individus, non pour servir de base à l'établissement d'un *modus vivendi* entre une multitude de communautés aux intérêts souvent opposés.

Le premier illogisme à signaler est que le plus souvent, ces groupes ont pour cheval de bataille une injustice dont sont victimes les membres de la minorité qu'ils disent incarner. Ils réclament une correction ou une compensation au nom des droits de ces individus... alors qu'il n'est possible de prouver la discrimination que sur une base collective. En effet, on ne peut démontrer que telle femme sidéenne est victime d'ostracisme; le mauvais traitement qu'elle subit pourrait être dû à une foule d'autres caractéristiques: langue, religion, origine ethnique, niveau de fortune ou d'éducation, etc. Pour en faire la preuve, il est indispensable de montrer que toutes les femmes sidéennes, ou une proportion anormale d'entre elles, sont soumises au même traitement. Ceci devrait normalement impliquer que le remède à apporter est également collectif, mais il se trouve qu'on ne reconnaît pas dans notre système de remèdes de ce type! C'est là une constatation que Thurow fait de manière convaincante dans son ouvrage mentionné ci-dessus, mais on n'est pas obligé de l'accepter d'autorité: le moindre effort de réflexion objective à partir de faits connus en prouvera la justesse.

Deuxièmement, face à la majorité, l'affaire n'en est pas une de personnes, mais de communautés. S'il y a un seul sikh ou une demi-douzaine dans un quartier, tout le monde les regarde avec une curiosité souvent non dénuée de sympathie. S'ils arrivent par centaines et qu'ils insistent pour porter tous le turban, la barbe et le poignard à la ceinture et pour placarder les murs d'affiches dans leur langue, la surprise amusée fait vite place à l'indignation et à une levée de boucliers qui sera immédiatement taxée de racisme ou de discrimination religieuse. Le phénomène est bien connu de tous les travailleurs sociaux. La solution n'est évidemment pas de confiner les minorités dans des ghettos, ni de les forcer à se conformer strictement aux coutumes de la majorité. Encore moins est-elle de condamner celle-ci pour une réaction qui, bien que primaire et agressive, est parfaitement naturelle et involontaire. En revanche, il est clair qu'on ne touche même pas au fond du problème en tentant de résoudre la difficulté sur la base des libertés individuelles de religion, d'expression et de mode de vie: le conflit se situe à un autre niveau. Malgré ce qu'affirment les libéraux classiques à la Pierre Elliott Trudeau, il doit pourtant exister une chose telle que les «droits collectifs» d'origine politique autant que juridique qui, loin de menacer les libertés, sont essentiels pour les préserver et les concilier.

Troisièmement, il ne saurait être «libéral», ni démocratique, de laisser à des groupes restreints, dont rien ne garantit la représentativité, le soin de définir le bien commun. La plupart du temps, leurs définitions ne portent que sur un aspect plus ou moins étroitement délimité de la société: avortement ou «droit à la vie», patriotisme agressif ou conviction antinucléaire, secours aux réfugiés, dénonciation de la torture et de la répression, défense de l'environnement, protection des animaux sauvages, aide aux victimes de telle ou telle catastrophe, de telle ou telle maladie. Pas question ici de juger de la validité de chacune de ces «causes», mais seulement de souligner qu'aucun de leurs partisans ne fait le moindre effort pour évaluer les effets secondaires de son éventuel succès, ni pour comparer la valeur de ses revendications à celles des autres groupes: chacun est totalement convaincu non seulement de son bon droit, mais du fait que celui-ci prime tous les autres. Comme l'État se refuse à proposer lui-même une vue d'ensemble du bien commun (et donc de la place relative de chacune de ces causes dans un schème global), cette vue d'ensemble n'a aucune chance d'exister.

Mais presque toutes les minorités, quelles que soient leur idéologie et la justesse de leur cause, ont en commun trois caractéristiques. La première est qu'elles prétendent parler au nom de l'ensemble de la communauté, si ce n'est de l'humanité entière alors même qu'elles n'en représentent qu'une fraction. La seconde est que leur attitude devient vite marquée par l'intolérance et que leur action a presque toujours la forme d'une confrontation soit avec d'autres groupes d'idées opposées, soit avec les pouvoirs publics qui sont à la fois le vilain de la pièce et la source d'argent et de pouvoir qui seule peut leur permettre d'arriver à leurs fins. La troisième est qu'elles ont très vite appris à utiliser au maximum le système judiciaire, soit pour se faire donner raison, soit pour retarder ou pour rendre impossible toute décision qui ne serait pas en leur faveur, quitte à paralyser des actions qui sont perçues comme essentielles au bien commun par la majorité.

DES SERVITEURS TOUT-PUISSANTS

Ceci nous amène à la dernière facette de la question: une proportion croissante de nos difficultés et de nos désaccords se règlent devant les tribunaux... et il y faut de plus en plus de temps pour les traiter. La lenteur souvent et vivement déplorée de nos systèmes judiciaires est causée d'abord par le fait que les procédures sont de plus en plus élaborées, les lois et les jurisprudences de plus en plus nombreuses et ouvertes à des interprétations variées sinon contradictoires. Ceci est dû en partie à la complexité accrue de nos sociétés, en partie à l'abdication du pouvoir législatif, en partie à l'importance majeure (pour ne pas dire exagérée) que nous donnons maintenant à la notion de droit.

Ces trois causes ont été étudiées séparément plus haut. Ce qu'il nous reste à faire est de décrire les relations qui existent entre elles pour mieux comprendre l'espèce de cercle vicieux qui naît de leur interaction et qui tend à exacerber chacun de leurs aspects jusqu'à mener à une sorte de dictature du pouvoir judiciaire sur l'ensemble de nos vies, un effet qui est pourtant bien éloigné des objectifs initiaux des penseurs libéraux.

Il est évident que le «droit à la différence» fondé sur la liberté individuelle de pensée, d'expression et d'action ne peut aboutir qu'à une société hétérogène et complexe, sauf si des pressions sociales extrêmement fortes en faveur de la conformité en annulent l'effet, comme c'était jadis le cas dans certaines régions parmi les plus conservatrices des États-Unis ou de l'Europe. Même là, on sent aujourd'hui une tendance marquée vers la différenciation de certaines minorités sur une base linguistique, ethnique, sexuelle ou idéologique. Alors que des individus isolés n'osaient pas braver la force d'une opinion publique monolithique (et souvent bornée), des groupes organisés, s'appuyant sur des dispositions explicites des constitutions ou sur les protections générales accordées par les Chartes, le font maintenant avec un succès croissant.

Ces groupes à leur tour constituent des blocs de votes dont les politiciens sujets à la réélection doivent tenir compte; en même temps, ils font éclater les traditionnels consensus simplistes sur la notion de bien commun. Face à cette double réalité nouvelle, les assemblées élues, déjà dépossédées du plus clair de leur capacité d'initiative par la concentration des pouvoirs aux mains de l'exécutif, ont naturellement tendance à s'abstenir de prendre position en légiférant et à laisser aux tribunaux la responsabilité d'arbitrer les inévitables conflits.

Or, le système judiciaire n'a pour habitude ni de tenir compte de la logique et du bon sens, ni de décider selon les exigences du bien commun. Il serait évidemment exagéré de dire qu'il est ennemi de ces concepts; simplement, il fonctionne selon d'autres principes, codifiés sous forme de règles de procédure, qui ont pour objet tout-à-fait louable de réduire au minimum possible l'arbitraire humain dans l'exercice de la justice. Ces principes sont ceux de la stricte interprétation des droits existants, du respect de la jurisprudence et des règles de la preuve. En d'autres termes, le recours aux tribunaux a pour effet de ramener la plupart des décisions à un usage littéral et quasi mécanique des droits individuels... ce qui boucle le cercle vicieux.

En conséquence, non seulement on se retrouve de plus en plus souvent devant les tribunaux, mais, pour parer au risque d'avoir à y justifier leurs actions, de plus en plus de gens adoptent dans leur comportement quotidien le même point de vue légaliste. C'est le cas non seulement des fonctionnaires et agents du pouvoir public, mais de nombreux cadres d'entreprises importantes, de membres des professions libérales, de commerçants... Si bien qu'une foule de différends qui autrefois se seraient résolus à l'amiable sur la base du sens commun se situent maintenant dans un cadre quasi juridique dès leur apparition: accrochages entre deux voitures, bagarres d'ivrognes, conflits familiaux, etc.

Ceci a un triple effet néfaste. D'abord, il fait des magistrats, qui devaient être les serviteurs de la justice et du public, des maîtres tout-puissants (quoique souvent fort inconfortables dans ce rôle) des règles de fonctionnement de la société. Ensuite, il exacerbe les pressions sociales en compliquant considérablement la vie de tous les jours par un foisonnement de règles, d'obligations et d'interdits dont on impute à tort la responsabilité au seul gouvernement: c'est le *red tape* honni des Américains. Ironiquement, ceux-ci ne se rendent pas compte qu'il est une séquelle quasi inévitable de leur passion pour les droits individuels et que tous leurs efforts pour diminuer l'importance et l'influence du gouvernement risquent de l'intensifier au lieu de le réduire. Enfin, il alourdit et ralentit encore le fonctionnement de la justice, encombrée d'une foule de causes mineures que son appareil n'avait jamais été conçu pour résoudre à la pièce.

LA SOCIÉTÉ CONFLICTUELLE

Ce qui précède contient des redites et des redondances, pour une raison bien simple: si chacune des réalités décrites a une existence propre, il y a entre elles des interactions majeures qui font qu'il est pratiquement impossible d'en évoquer une sans mentionner les autres dans le même souffle. Mais il était nécessaire de les exposer séparément pour mieux faire ressortir les rouages du mécanisme qui mène à une vie communautaire conflictuelle.

Une sixième pièce du puzzle manque, celle de la valeur économique qu'on impose désormais à toute chose, même la plus intangible. Les exemples abondent: valeur monétaire attribuée à la pollution, à une faute professionnelle de la part d'un médecin, à un viol, au mauvais traitement d'un enfant par ses parents. A quand la compensation d'un meurtre par le «coût d'une vie humaine»? Dans le cas des entreprises, c'est déjà fait (Union Carbide pour la tragédie de Bhopal en Inde). Que nous revenions en pratique à la vieille notion, longtemps jugée barbare et inhumaine, du «prix du sang» par le biais du libéralisme économique est un fait de société évident et non négligeable, qui a sa place dans l'équation ci-dessus. Cependant, il relève de la critique du capitalisme bien plus que de celle de la démocratie et c'est pourquoi je me contente de le mentionner en passant.

Est-ce dire que les autres phénomènes constitutifs de la société conflictuelle sont des effets de la démocratie? A des degrés divers et de diverses façons, sans aucun doute. La primauté des droits individuels et la notion d'État de Droit qui en est la source en sont deux des piliers les plus explicites et les plus vénérés. La vision minimaliste du rôle du gouvernement et la démission du législatif sont des conséquences directes de l'approche électoraliste et de la primauté de l'individu sur la communauté. La croissance en nombre et en force des minorités actives est provoquée par le gigantisme inévitable auquel conduit le libéralisme intellectuel — un effet qui sera étudié dans un chapitre subséquent — et favorisé par une interprétation élargie des libertés individuelles et par l'attitude passive des élus face au bien commun. Enfin, la judiciarisation est un résultat de l'existence même de ces minorités et de l'enchâssement des droits individuels.

Il reste à déterminer à quel point ces effets sont inévitables, ou s'il n'est pas possible de les atténuer ou même de les éliminer sans en même temps remettre en question le système démocratique dans son ensemble. Je n'ai pas tenté l'effort d'en faire une démonstration logique irréfutable, mais, à mon avis, tous les indices que nous possédons vont dans le même sens: celui d'une relation directe de cause à effet qu'on ne peut modifier sans en changer les termes eux-mêmes. Ainsi, alors que depuis des décennies on parle de revaloriser le rôle des élus et d'atténuer l'intervention du pouvoir judiciaire dans le quotidien, en réalité c'est l'inverse qui continue de se produire, comme si ces phénomènes étaient des conséquences inéluctables du système. Et plus on réduit le rôle de l'État et que l'on trouve d'autres voies pour permettre aux groupes et aux minorités de s'exprimer, moins les conflits se règlent, plus ils se compliquent et s'enveniment. Il est normal et sain que ces conflits existent; ils sont le lot d'une société pluraliste et représentent un signe de progrès et de dynamisme. Le problème, c'est que le système ne nous donne pas les outils nécessaires sinon pour les résoudre, du moins pour les faire évoluer dans un sens profitable à la communauté.

Dans la conception antique de la démocratie, la citoyenneté était un privilège dont les bénéfices étaient largement implicites mais dont les fonctions civiques étaient clairement spécifiées; de fait, le citoyen appartenait bien plus à la Cité que la Cité n'appartenait au citoyen. Il y avait là une vision des choses qui ne pouvait qu'apparaître «totalitaire» aux modernes et qui a effectivement joué contre l'interprétation française de la notion de liberté d'après Jean-Jacques Rousseau. La formule anglo-américaine d'inspiration libérale a donc inversé ces paramètres, mais le passage d'un extrême à l'autre entraîne d'inévitables erreurs de perspective. Entre l'interprétation légaliste de la Charte des droits et l'interminable bataille des groupes de pression, la notion de bien commun, centrale au concept de gouvernement (sous quelque forme que ce soit) a donc pratiquement disparu du tableau. Comment lui redonner sa place dans un système qui privilégie systématiquement la primauté de l'individu sur la communauté est le problème peut-être insoluble des États modernes.

4

Voter, mais pourquoi?

UN DES PILIERS DU SYSTÈME démocratique tel que nous le connaissons est l'axiome qui dit «un citoyen, un vote». On lui donne généralement le sens suivant: chaque citoyen a le droit de vote par le seul fait qu'il est citoyen, sans discrimination de sexe, de richesse, d'éducation, d'origine ethnique, d'appartenance religieuse, etc.; deuxièmement, le vote de chaque citoyen a la même valeur que celui de tout autre. Philosophiquement, cela s'appuie sur le principe de l'égalité entre les hommes, qui est propre à l'Occident chrétien sur la base du «tous égaux devant Dieu» et sur la notion, typiquement protestante celle-là, du libre arbitre qui implique le droit (et la responsabilité) pour chacun de faire ses propres choix. Dans la pratique, on en est venu là graduellement, après avoir constaté que les autres formules possibles menaient soit à des injustices flagrantes pour certains segments de la population, soit à des difficultés d'application insurmontables.

Cependant, la règle a toujours été battue en brèche de diverses façons par ceux-là mêmes qui étaient les premiers à la promouvoir ostensiblement; toutes les sociétés qui se disent démocratiques ont jugé que prise littéralement, elle produisait des résultats inacceptables et même absurdes. Au siècle dernier, on estimait que d'accorder à tous le droit de vote équivalait à placer le sort d'un pays entre les mains d'une majorité d'ouvriers incultes dont on avait peur qu'ils «cèdent à leurs penchants égoïstes et à leurs conceptions sommaires de leurs propres intérêts, à l'encontre de la justice et aux dépens de toutes les autres classes comme de la prospérité»; cette description est de John Stuart Mill, paradoxalement un des premiers grands défenseurs du suffrage universel. De nos jours, il existe une florissante «école de l'apathie» qui estime pour des raisons similaires que moins le peuple s'intéresse à la politique, mieux le système démocratique s'en portera!

En conséquence, on utilise une variété d'expédients pour s'assurer que dans les faits les voix de tous les citoyens n'auront pas valeur égale et même pour les dissuader de participer au scrutin. Et si on compte les pays où, directement ou indirectement, les gens sont interdits de vote pour des raisons de sexe, d'âge, de race, de religion ou de statut social, on se rend compte qu'ils forment l'immense majorité. On peut donc se demander à bon droit si ces multiples entorses à la norme sont de regrettables accidents ou si elles ne constituent pas plutôt une caractéristique inhérente à la démocratie et une manifestation de ses contradictions internes.

LA FICTION DE L'UNIVERSALITÉ

J'ai déjà mentionné que les inventeurs de la démocratie étaient opposés au suffrage des femmes et insistaient habituellement pour une définition censitaire du statut de citoyen: seuls les mâles adultes ayant des biens et payant impôt votaient. Il a fallu entre trois et huit générations, selon les pays, pour qu'on en arrive à l'interprétation actuelle de l'universalité du suffrage. Ainsi, aux États-Unis, les Noirs ont eu droit de vote dans l'ensemble du pays en 1870 selon la Constitution, mais cela ne s'est confirmé dans la pratique qu'au milieu des années 1960, avec la disparition des «literacy tests» dans les

États du Sud. Les femmes, elles, y ont eu accès en 1920, soit environ 140 ans après la proclamation de la République. En Angleterre, vers le milieu du 19e siècle, James Mill avait proposé très sérieusement de n'accorder le droit de participer au scrutin qu'aux hommes de quarante ans et plus; à cette époque, à peine le sixième des adultes mâles anglais votaient de toute façon. Enfin, en Suisse, dans la plus ancienne république d'Europe, les femmes ont pris part à une décision politique pour la première fois — et encore, pas partout — en 1959.

On présente généralement l'évolution vers l'universalité comme un mouvement irréversible et constant dans le sens d'une plus grande ouverture, d'une plus grande égalité. En réalité, les concessions successives ont le plus souvent été acquises de chaude lutte et n'ont été accordées par les oligarchies régnantes qu'une fois la preuve faite que le «bas peuple» ne se servirait pas de ce droit pour renverser l'élite au pouvoir ni pour redistribuer la richesse à son profit. Il semble donc pour le moins injuste, et probablement irréaliste, de vouloir contraindre des pays n'ayant pas vécu la même évolution à adopter tout de go une formule qui, chez nous, ne s'est imposée, même aux esprits les plus éclairés, que lentement et avec de multiples réticences.

Aujourd'hui encore, on passe toujours sous silence le fait qu'entre le tiers et la moitié de la population ne peut participer au processus électoral: bien qu'en principe citoyens égaux et «à part entière» dès leur naissance, les enfants n'ont pas droit de vote, même par procuration. L'âge où l'on estimait qu'un humain passait de l'enfance à l'âge adulte a varié considérablement d'une époque à l'autre, d'une région à l'autre; on admettra par exemple qu'avec la télévision et l'omniprésence actuelle des médias d'information, bien des enfants de huit ans aujourd'hui en savent plus sur l'état du monde et la gouverne de leur propre pays qu'un adulte moyen, même instruit, il y a une ou deux générations. De plus, le facteur âge est évalué différemment selon qu'on parle de vote, de mariage (ou de consentement sexuel) ou de paiement de taxes et d'impôts. Il est notoire qu'à ce chapitre, les Américains enfreignent sans remords le principe sacré du «*No taxation without representation*» qui avait pourtant donné naissance à leur révolution démocratique il y a deux siècles: les vedettes précoces de la chanson et de l'écran sont victimes de l'impôt même en étant interdits de vote.

Sur quelle base juge-t-on que le droit de vote doit être universel? Il existe à ce sujet deux philosophies distinctes: ou bien il fait intrinsèquement partie de la panoplie des privilèges de tout citoyen, peut importe l'aptitude réelle de chacun à l'exercer, ou bien il n'est accordé qu'aux adultes qu'on juge capables de porter un jugement rationnel sur un fait politique.

Dans le premier cas, il est anormal que les mineurs, les aliénés et (selon les pays) les prisonniers de droit commun en soient privés, comme s'ils étaient déchus de leurs droits civiques ou du moins comme s'il existait plusieurs catégories inégales de citoyens. Dans le second cas, il serait naturel que l'on se donne les moyens de valider la compétence des électeurs, comme on le fait par exemple avant d'accorder la citoyenneté à un immigrant. Or, les règles en vigueur dans la plupart des pays ne respectent ni l'une ni l'autre de ces logiques, mais se tiennent à cheval entre les deux. D'une part, on juge absurde d'accorder le droit de vote aux enfants (mais on ne le retire pas aux vieillards séniles) même par procuration; de l'autre, on a trop souvent constaté que les tests de compétence servaient de prétexte à exclure du vote des catégories de citoyens défavorisés ou détestés, si bien que cette pratique a été à peu près entièrement abandonnée.

LA FICTION DE L'ÉGALITÉ

Même dans les États où on accepte aujourd'hui une version assez complète de l'universalité, la tentation demeure de s'arranger pour que différentes catégories de citoyens n'aient pas le même poids dans un scrutin, soit pour favoriser le maintien au pouvoir d'un parti ou d'une tendance, soit pour accorder plus d'importance à des classes sociales qu'on considère plus responsables ou plus stables. Les principales techniques utilisées pour contourner la règle de l'égalité des votes sont le découpage des circonscriptions, le mode de scrutin majoritaire à un seul tour et l'encouragement à l'apathie, notamment par la multiplication des formalités et des procédures.

Partout où le vote se fait par comtés, cantons, arrondissements ou autres zones territoriales, on a joué avec les limites des circonscriptions pour modifier le poids relatif de certains segments de l'électorat. Ainsi, au lieu de délimiter des territoires compacts et géographiquement ou socialement «naturels», les frontières électorales tendent à adopter des tracés en apparence capricieux et fantaisistes, dont le but réel est d'inclure ou d'exclure des poches d'électeurs favorables ou défavorables aux candidats du pouvoir. Cette méthode est particulièrement visible dans les cartes électorales des districts semi-urbains du centre des États-Unis dont la dimension et la forme semblent défier toute logique, alors que le territoire lui-même est plat et les frontières des États dessinées au compas. En même temps, on a souvent eu tendance à donner aux comtés ou cantons ruraux et aux quartiers riches, plus traditionalistes, une taille restreinte alors que les secteurs habités par le prolétariat urbain, plus volatil et plus révolutionnaire en puissance, avaient des listes électorales bien plus nombreuses. Puisque chaque territoire élisait un seul député, on maximisait ainsi la probabilité d'avoir une majorité d'élus «bien-pensants»; mais ce faisant, on donnait à chaque vote rural ou bourgeois la valeur de deux ou trois votes ouvriers. L'application extrême de cette technique a probablement été celle des «comtés fantômes» d'Angleterre, où quelques électeurs qui n'y vivaient même pas pouvaient contrebalancer l'effet de dizaines de milliers de votes des quartiers populeux de l'East-End de Londres ou de Birmingham.

Il faut ajouter à ces aberrations territoriales l'effet du mode de scrutin. Les spécialistes des techniques électorales ont constaté que le vote direct sans proportionnalité («le gagnant empoche tout») a pour résultat que seules les voix de ceux qui ont appuyé le vainqueur comptent, les autres n'ayant aucun effet. Par exemple, si un candidat l'emporte avec 51 % des voix et que les deux-tiers des citoyens ont voté, ce qui n'est pas exceptionnel, un député ou sénateur aura été élu par à peine le tiers des électeurs; le droit de vote des autres deux tiers ne sera en rien reflété dans la composition de l'assemblée et le choix des dirigeants. Or, au nom de la stabilité gouvernementale, la tendance à travers le monde est de plus en plus à suivre ce modèle; même la France a délaissé la méthode proportionnelle pour revenir à un vote majoritaire à deux tours. On verra plus loin que le mode de scrutin est lié à divers facteurs, notamment au nombre de partis en lice; il suffit pour l'instant de mentionner son influence sur la valeur relative des voix des citoyens.

Enfin, il est tout à fait ironique de constater que le vote est obligatoire surtout là où il a le moins de signification, dans les régimes à parti et à liste unique, et qu'il est laissé le plus libre, pour ne pas dire découragé, là où il peut avoir le plus d'effet, par exemple aux États-Unis. Jusqu'à récemment, dans la plupart des pays socialistes, des règlements draconiens faisaient que le taux de participation dépassait souvent les 95 % simplement pour confirmer une décision sans alternative possible; aux U.S.A., où les députés et sénateurs jouent un rôle très actif puisqu'ils ne sont pas soumis à la discipline de parti et dont le président, élu au suffrage universel, a des pouvoirs quasi dictatoriaux, il est très rare que 50% des citoyens votent... et il se trouve des politicologues pour s'en réjouir au nom de la thèse que moins le peuple s'en occupe, mieux la démocratie fonctionne!

MATURITÉ OU DYNAMISME

Il est certain que l'universalité et l'égalité des votes, déjà plus ou moins respectées dans les États occidentaux de descendance européenne, sont parmi ceux des principes démocratiques qui posent le plus de problèmes quand on tente d'implanter le régime électoral représentatif dans des cultures autres. Ceci est particulièrement vrai dans des parties du monde qui n'ont pas hérité du christianisme, et du protestantisme plus spécifiquement, le culte de l'individu qui nous est propre. Des facteurs comme le niveau de respect de l'autorité sociale ou politique, les structures familiales, l'existence de castes, la séparation ou la confusion du religieux et du profane ont une influence évidente sur le refus ou l'acceptation de ces notions.

L'idée d'universalité fait problème à divers niveaux, mais elle heurte d'abord de front la conception «domestique» du rôle de la femme qui règne dans de nombreuses cultures — et qui est loin d'être entièrement disparue de la nôtre. Même là où on fait peu de différence entre les sexes dans le quotidien, on réserve souvent le domaine politique aux hommes. Corriger cette situation sur le plan légal sans changer la mentalité qui la sous-tend aura au mieux pour effet de créer une classe d'électrices «captives» qui suivent littéralement la consigne de leur père ou de leur mari, accordant en pratique à ces derniers une voix supplémentaire. Au pire, cela risque de détruire les structures sociales existantes et de créer un désordre contraire au résultat souhaité et souvent néfaste à l'amélioration du statut de la femme.

L'égalité du droit de vote pour tous paraît surtout absurde lorsque la coutume reconnaît aux aînés le privilège d'une sagesse née de l'expérience. Or, c'est le cas d'une forte proportion des sociétés de la planète où une forme quelconque de Conseil des anciens fait partie de la culture politique ancestrale; c'est surtout vrai dans les pays qui, contrairement à ce qui s'est produit en Europe, ont connu très tôt une forme primitive de démocratie ou de monarchie tempérée par le poids de l'opinion populaire. Par exemple, cette formule était courante chez les autochtones d'Amérique du Nord et coexistait avec le système de chefs de tribu et de village, héréditaires ou élus, en Afrique noire avant l'arrivée des Blancs.

Il est vrai que cette approche «sénatoriale» est plus appropriée à des communautés statiques qui n'évoluent que très lentement et qu'elle répond difficilement au besoin de changement rapide qui caractérise les États modernes. Elle risque de conduire au conservatisme et à l'immobilisme, les gens âgés ayant naturellement tendance à la prudence et au respect des traditions. Ainsi, dans les sociétés occidentales les plus dynamiques, on se sert souvent d'une formule de Sénat pour tempérer et refréner l'ardeur des Chambres basses élues.

Contre cette approche qui privilégie directement l'expérience, l'argument occidental classique est qu'il faut augmenter le poids des jeunes en leur accordant l'égalité des voix, tout en laissant l'autorité morale des aînés s'exercer au niveau de l'opinion publique. De cette façon, on encourage modérément l'injection dans le système d'idées neuves et audacieuses, ce qui constitue un facteur naturel de progrès. Dans la pratique, la classe au pouvoir, généralement traditionaliste, prend tous les moyens possibles pour atténuer l'effet de ce facteur. Dans bon nombre de pays, on a par exemple une tendance chronique à «oublier» les électeurs étudiants au moment de la confection des listes électorales, ou à imposer des obligations de résidence qui empêchent bon nombre d'entre eux de participer au scrutin. Et là où le vote a lieu un jour ouvrable, les jeunes travailleurs découvrent souvent qu'il leur est plus difficile qu'aux vieux de s'absenter pour aller exercer leur droit de citoyen.

On peut admettre que le principe de l'égalité des votes est utile, sinon nécessaire, dans une société en évolution rapide puisqu'il accorde une importance accrue à l'innovation face à la dimension plus statique de l'expérience. Mais dans le contexte actuel, des régimes ultra-conservateurs annulent cet effet en refusant toute influence aux jeunes et en rejetant systématiquement les idées progressistes. On voit mal comment la formule peut alors être imposée par des pressions économiques à des pays pauvres qui n'en tireront probablement aucun profit réel, d'autant plus que les bailleurs de fonds internationaux bloqueront presque sûrement toute initiative dynamique à laquelle elle donnerait naissance.

UN CADEAU EMPOISONNÉ

La raison pour laquelle on estime que les électeurs ont le droit et la capacité de prendre des décisions est forcément un critère majeur quand vient le temps de décider qui a le droit de vote. Or, à cette question, il existe plusieurs réponses possibles; dans l'histoire de la démocratie, trois ont été mentionnées le plus souvent, avec des effets différents non seulement sur l'universalité du vote, mais sur la nature du système lui-même. Ce sont les suivantes:

a) Les électeurs sont des adultes responsables, capables de prendre une décision réfléchie dans le sens de leur meilleur intérêt individuel et collectif. Pour ce qui est de l'avantage personnel, la théorie libérale de l'égoïsme éclairé affirme qu'on peut leur faire implicitement confiance; pour ce qui est de leur perception du bien commun, c'est moins évident et les procédures de scrutin devraient logiquement offrir la possibilité de vérifier au moins que les citoyens possèdent les informations nécessaires, sinon le résultat risque de ne pas être à la hauteur des attentes. Or, on a vu plus haut que la plupart de nos démocraties ont éliminé à bon droit les tests de qualification des électeurs, qui avaient le plus souvent pour effet de priver plus ou moins arbitrairement des catégories entières de citoyens de leur droit de vote. C'est sans doute ce qui explique que cette rationalisation de l'universalité n'est plus guère évoquée par les analystes de la démocratie.

b) On prétend appliquer la règle statistique des grands nombres, en se disant que tout le monde ne peut pas avoir tort tout le temps et que les faiblesses, les préjugés et l'ignorance des électeurs vont s'annuler les unes les autres. On en tire la conclusion que, toutes choses étant égales, la majorité aura raison la plupart du temps. Mais il y a là une double faute de logique: d'une part, le raisonnement «tout le monde ne peut pas avoir tort tout le temps» mène au mieux à la conclusion que la majorité se doit d'avoir raison à l'occasion, non la plupart du temps; d'autre part, on sait très bien que les méthodes probabilistes ne corrigent pas automatiquement les aberrations, elles les mesurent et permettent de les quantifier, ce qui, dans le cas présent, n'est d'aucun secours.

c) On suppose que les dirigeants seront élus parmi une liste restreinte issue d'une classe politique qui sélectionne elle-même ses membres sur la base des affinités et de la compétence. Dans ce cas, effectivement, il importe assez peu qui la population choisira puisque la capacité de gouverner a été déterminée à une étape préliminaire; le scrutin n'a plus pour rôle que de constituer un rempart de dernier recours contre la dictature. Cette interprétation, qui est devenue la plus courante chez les politicologues, est probablement la plus réaliste. Mais elle présente deux inconvénients. Le premier, théorique, est qu'elle réduit singulièrement la portée de nos grands principes démocratiques et l'importance du droit de vote. Le second, plus pratique, est que la capacité de la classe politique à coopter des gens compétents et dynamiques est, pour le moins, mise en doute par les événements récents dans la plupart des pays qui se disent démocratiques.

Quelle que soit l'explication adoptée parmi celles ci-dessus, elle justifie bien mal le caractère quasi sacré que nous accordons à ce principe. Surtout, elle ne nous excuse pas de tordre le bras comme nous le faisons aux pays du Tiers-monde pour les obliger à adopter ce système au nom du «droit des peuples à disposer d'eux-mêmes». Car la seule base indiscutable sur laquelle asseoir le droit de vote est simplement qu'il a été acquis de haute lutte par des groupes successifs de citoyens défavorisés (bourgeois, ouvriers, femmes, Noirs) auxquels il a ensuite permis d'améliorer leur sort. Mais dans ce cas, c'est la démarche même de l'acquisition qui lui donne tout son poids... et l'intervention d'une force extérieure, que ce soit le paternalisme des anciens colonisateurs, la «diplomatie de canonnières» à l'américaine ou l'hypocrisie enrobée de bons sentiments de l'ONU, pour l'accorder à des populations qui ne l'ont pas voulu, et qui ne savent donc qu'en faire, lui enlève à la fois sa valeur et sa légitimité. Si, comme cela se produit trop souvent, il se transforme alors en instrument de manipulation aux mains d'un leader démagogique ou d'une clique ambitieuse, il devient un véritable cadeau empoisonné et un obstacle plutôt qu'une aide à la libre expression d'une volonté populaire.

REPRÉSENTER OU PARTICIPER

Sur quoi votons-nous? Selon qu'à travers un scrutin, le pouvoir du peuple s'exerce sur des politiques, sur un choix de législateurs ou sur une équipe de gouvernement, les effets sont loin d'être les mêmes. Or depuis deux siècles, le discours démocratique a entretenu sur le sujet un flou qui a été encore amplifié par les circonstances.

A l'origine, la raison d'être du système démocratique était que le peuple puisse manifester ses volontés sur la manière dont il était gouverné. Cela se réalisait directement à Athènes (où pratiquement rien d'important n'était décidé qu'en assemblée publique), un peu moins à Rome, dans les cantons suisses et dans les communes de la Nouvelle-Angleterre, où les citoyens conservaient toujours l'option d'intervenir directement pour forcer la main des élus dans la direction de leur préférence. Même au début des régimes représentatifs modernes, l'existence de chefs de file présentant des programmes bien définis, encadrés par une idéologie claire, continuait de rendre crédible l'argument qu'en élisant des chefs, le peuple pouvait aussi choisir de grandes orientations.

Avec les partis fourre-tout et purement électoralistes de maintenant, avec la multiplication des problèmes à résoudre et la technicité abstruse des solutions qui leur sont proposées, avec le caractère réducteur de la propagande électorale qu'impose le format des médias électroniques et que facilitent les techniques de manipulation d'opinion, cette thèse ne correspond pratiquement plus à rien. De fait, des affirmations comme celle de Kim Campbell, leader des conservateurs canadiens, que «la campagne électorale est le pire moment pour parler des grands dossiers», sont devenues monnaie courante. Ce qui explique qu'après chaque élection, les experts passent des mois à examiner sous toutes les coutures les résultats détaillés, dans le vain espoir d'y découvrir «ce que le peuple voulait dire» par son vote. Pour s'en tenir purement à des enjeux majeurs et tout récents, qui oserait affirmer que les dernières élections aux États-Unis ont décidé du droit à l'avortement, en France du sort des immigrants ou au Canada de l'avenir des programmes sociaux?

Sans risque de me tromper, je puis donc dire que ce que nous faisons par la voie démocratique est uniquement d'élire des hommes. Est-ce pour légiférer ou pour gérer? Là où, comme aux États-Unis ou en France, on traite séparément les deux cas (législatives et présidentielles), la situation est déjà plus claire; encore que dans les conflits entre les deux ordres de gouvernants, la question demeure de savoir lequel est le plus important... et la réponse apportée le plus souvent, qui favorise l'exécutif sur le législatif, est contraire à la doctrine démocratique classique qui prétend que le pouvoir le plus élevé dans l'État est celui de faire des lois. Imaginez alors la confusion dans les formules parlementaires de type britannique, où l'on vote sur des législateurs surtout pour en tirer un exécutif nommé arbitrairement, auquel les élus seront ensuite presque totalement soumis au nom de la discipline de parti!

C'est à cette situation en porte-à-faux que beaucoup d'auteurs attribuent, probablement avec raison, une bonne part de la baisse constante d'intérêt des citoyens pour la chose politique et de ce sentiment d'impuissance qui se traduit souvent par un scepticisme amer. Certains proposent de corriger la situation en réduisant l'élément de représentation dans nos systèmes démocratiques pour y ramener une fonction de participation directe aux décisions; la proposition est venue aussi bien de la gauche américaine (Carole Pateman, etc.) que des conservateurs anglais modérés (Brian Beedham dans *The Economist*) . L'ennui, c'est que ses promoteurs refusent de comprendre qu'il s'agit là non d'un ajustement mineur qui se réaliserait graduellement, mais d'un changement fondamental dans le mécanisme de gestion du pouvoir politique; les traditions, les institutions et les mentalités aussi bien des dirigeants que des électeurs sont façonnées depuis des générations par le principe représentatif. Un virage de cet ordre signifierait à tout le moins:

a) l'acceptation volontaire par les exécutifs actuels et futurs d'une sérieuse réduction de leur autorité et de leur autonomie d'action;

b) une baisse d'influence et une restructuration des partis politiques;

c) une réorganisation presque complète des mécanismes de consultation populaire, tenant compte des sondages et des techniques de vote électronique;

d) la redéfinition du rôle des législatures et de l'indépendance des élus;

e) la nécessité de repenser l'équilibre entre le pouvoir des tribunaux d'invalider les lois et la souveraineté de la volonté populaire;

f) la création ou l'adaptation d'un système d'information populaire objectif qui compléterait et disciplinerait les actuels organismes de propagande partisane ou étatique.

Il me paraît évident que ces transformations, même étalées sur une assez longue période, provoqueraient inévitablement dans nos sociétés, et surtout dans la classe politique régnante, des secousses importantes et peut-être brutales. Et rien n'assure qu'une fois réussies, elles feraient de la démocratie un produit plus facilement exportable en-dehors de la zone de culture occidentale.

Comme on le voit, qui a droit de vote, comment et sur quoi ce droit s'exerce, sont des questions qui influent profondément sur l'équilibre et la fonctionnalité du régime politique. On ne peut clairement pas laisser les circonstances immédiates dicter ces choix, qui doivent être éclairés par la notion de bien commun et de devoir civique autant que d'intérêt individuel. Ce qui laisse sans réponse deux questions importantes: celle de savoir si les règles doivent être les mêmes dans toutes les nations ou varier selon les traditions et les besoins, et celle d'assurer la qualité des élus qui en résultent.

A la première, les événements eux-mêmes viennent d'apporter une réponse fabuleusement ironique: au moment où j'écris ce chapitre, on annonce l'intention des Nations-Unies de favoriser la restauration de la monarchie comme seule voie possible vers la normalité et la paix au Cambodge. Que cela soit vrai ou non importe peu. Ce qui compte, c'est que pour une première fois, la communauté internationale semble admettre que la démocratie à l'Occidentale n'est pas la solution magique à tous les problèmes politiques et que d'autres formules peuvent être envisagées selon les particularités et les problèmes locaux. La seconde question, plus complexe et plus vexante encore, fait l'objet du prochain chapitre.

5

Un pauvre choix de chefs

SOUDAIN, *LES GRANDS MÉDIAS* portent leur attention sur la qualité des leaders que nous avons. Une éruption plus virulente que la moyenne de cette espèce de fièvre de conscience a suivi la rencontre des chefs d'État du G-7 à Tokyo en juillet 1993: à quelques jours d'intervalle, en plein milieu de l'été, avec un ensemble touchant (mais avec quelque temps de retard sur les populations elles-mêmes), *Time*, *Newsweek*, le *Point*, *le Nouvel Observateur*, *Cambio 16* et d'autres comparaient la génération actuelle des chefs d'État à celle de l'après-guerre, et se désolaient, et ne comprenaient point. Pourtant, notaient-ils, tous ces gens ont été élus démocratiquement et voilà non seulement qu'ils battent tous les records d'impopularité, mais encore que cette impopularité est clairement méritée. Par quel coup du sort tous nos gouvernants manifestent-ils brusquement un talent inné pour l'imprévoyance, un instinct infaillible pour se mettre les pieds dans les plats?

Il n'y a là rien d'étonnant; simplement, pour la première fois depuis plus d'un siècle, le mécanisme le plus fondamental de la démocratie fonctionne comme il le devrait dans une grande partie de l'Occident et nous en voyons les résultats bruts. En effet, à chacune des cinq ou six dernières générations, il y a eu, dans la plupart des États d'ascendance européenne, des guerres ou des accidents de parcours majeurs (guerres de 1863, de 1870 et des Boers pour l'Europe; de Sécession et de Cuba en Amérique; conflits mondiaux de 1914 et 1939, assassinats politiques et crise de 1929 à peu près partout) portant au pouvoir des hommes dits providentiels qui, en des temps plus paisibles, n'auraient probablement pas pu y accéder car ils n'avaient pas la personnalité ou le «profil de carrière» requis pour se faire élire selon la procédure habituelle: De Gaulle, Churchill, Roosevelt, Adenauer, Pierre Elliott Trudeau...

Le fait que les trente dernières années, relativement ordonnées et prospères, aient permis à la démocratie de tourner normalement démontre avec un peu de retard la vérité des affirmations d'Aristote (selon qui elle est une mauvaise façon de choisir les hommes) et de Tocqueville (selon qui elle mène inévitablement à la médiocrité). Ceci pour une raison claire et évidente, si on y pense le moindrement: les qualités nécessaires pour se faire élire sont, sinon l'opposé, du moins bien différentes de celles qu'il faut pour gouverner. Nous n'avons pas les leaders que nous méritons; nous avons ceux que le système que nous avons adopté nous permet d'avoir.

On peut prétendre qu'il s'agit là d'une aberration temporaire ou d'une série d'accidents de parcours malheureux; c'est effectivement l'argument le plus souvent cité par ceux qui soulèvent le problème. Mais il ne résiste pas à l'analyse, surtout si on considère non seulement les dirigeants en place mais aussi les candidats défaits et la relève potentielle. On se rend alors compte que dans la plupart des États contemporains, les élus ne sont pas de tristes cas d'exception, mais se situent dans la bonne moyenne de l'éventail des choix disponibles et qu'il est peu probable que la situation s'améliore dans un avenir prévisible. Sans en faire une démonstration exhaustive, je me contenterai de donner en exemple les personnels politiques connus au début des années 1990 en France, au Canada et aux États-Unis. Qui oserait dire, dans chacun de ces cas, qu'un résultat électoral autre au cours de la dernière décennie aurait changé quelque chose à la qualité des chefs... ou qu'on peut s'attendre à une amélioration notable dans la décennie à venir?

Contrairement à celle d'Athènes, qui ne servait qu'accessoirement à sélectionner les dirigeants mais bien plus à décider des orientations de la société, notre démocratie est élective: elle n'est utilisée que pour choisir des chefs. Selon le proverbe biblique qui veut qu'«on juge l'arbre à ses fruits», elle doit donc être évaluée en tout premier lieu sur la qualité des gens qu'elle porte au pouvoir. Or, le moins qu'on puisse dire, c'est que les résultats obtenus en ce domaine ne sont pas probants: certains des chefs élus sont carrément malhonnêtes et tirent de leur position un profit éhonté, d'autres n'ont visiblement pas l'expertise requise pour exercer leur charge, la plupart enfin semblent n'avoir ni la rigueur de pensée ni la force d'âme nécessaires pour choisir et exécuter les politiques, souvent difficiles et impopulaires, indispensables au bien-être de leurs peuples.

Il est paradoxal qu'on puisse déplorer cette faible qualité chez nos leaders sans jamais mettre ouvertement en cause le mécanisme de sélection dont pratiquement la seule fonction est de les conduire au pouvoir. Pourtant, il est facile de montrer que certaines des caractéristiques du système sont directement responsables de la situation. Parmi ces facteurs, il faut noter l'impossibilité de fixer des critères objectifs de qualification des candidats, l'accent mis sur l'image et la personnalité par le processus électoral, le rôle joué par les partis politiques et les techniques plus ou moins occultes de filtrage des futurs élus. A cela s'ajoute plus récemment un doute sérieux sur la capacité de la classe politique existante de faire face aux exigences nouvelles apportées par l'évolution de l'économie et de la société en général.

EXPERTISE ET SENS COMMUN

Dans la logique de la démocratie représentative, le minimum officiel requis pour devenir Président des États-Unis ou premier ministre du Royaume-Uni est (et doit être) essentiellement le même que pour avoir droit de vote; dans la plupart des pays, on ajoute à cette exigence une limite d'âge, parfois l'absence d'antécédents judiciaires et un minimum de propriété foncière. Pour éviter toute apparence d'injustice ou de favoritisme, on s'abstient donc de poser à l'éligibilité des conditions qui insistent explicitement sur la compétence ou l'honnêteté. Le résultat est que plus un système est démocratique, plus il risque de produire des dirigeants incompétents ou indélicats. Mais l'absence de critères réels de qualification est indispensable pour prouver aux populations que le jeu est vraiment ouvert, que tous les citoyens sont placés sur le même pied. De toute façon, l'imposition de tests ou d'examens pour les candidats se heurterait probablement aux mêmes difficultés qu'elle le fait pour les électeurs eux-mêmes et ouvrirait la porte aux mêmes dangers de discrimination et d'arbitraire mentionnés au chapitre précédent.

Mais cette carence a pour effet de placer la barre pour être chef d'État beaucoup plus bas que pour devenir médecin ou expert-comptable. On se fie sur l'intelligence des citoyens pour choisir des chefs aptes à prendre des décisions dont on juge que les citoyens eux-mêmes sont incapables. Un peu comme si on demandait à un jury non expert d'attribuer des diplômes de compétence professionnelle dans des disciplines qu'il ne connaît pas:

quelle confiance accorderait-on à un chirurgien ou à un administrateur ayant acquis de cette manière le droit de pratiquer sa profession? Le paradoxe est qu'un gouvernant tient entre ses mains la santé et la fortune non d'un nombre restreint de patients ou de clients, mais de populations entières.

Pendant une bonne partie de l'histoire des démocraties libérales, le fait d'être un bourgeois instruit, convenablement renseigné sur les lois et les événements, pouvait être jugé une qualification adéquate pour diriger un gouvernement. Le tempo modéré de l'évolution, la prédominance des industries de fabrication mécanique dans l'économie, la modeste technicité des options et des décisions à prendre rendaient acceptable ce niveau minimal de compétence, pour peu qu'il fût allié à une bonne dose de sens commun et à une certaine responsabilité civique. C'est sur cette base qu'on déterminait les grandes politiques; pour le détail, on se fiait à des fonctionnaires possédant des expertises professionnelles plus spécifiques.

Ces critères sont encore en vigueur de nos jours dans la plupart des pays occidentaux... mais ils ne répondent plus aux besoins. A mesure que nos sociétés deviennent plus complexes et moins homogènes, à mesure qu'on évolue d'une économie industrielle et commerciale à une économie d'information, à mesure que la machine gouvernementale se transforme en un gigantesque appareil sophistiqué de traitement de données, les connaissances requises pour simplement saisir les problèmes deviennent plus importantes et plus spécifiques. La systémique nous apprend que plus un organisme est complexe, plus il est puissant... mais plus il est fragile et susceptible d'être perturbé par la moindre défaillance d'un de ses rouages; ce qui, à l'extrême, débouche sur la théorie du chaos. Dans de telles circonstances, la planification doit se faire à plus long terme et de manière plus détaillée, les termes de référence sont plus spécifiques, les décisions ont des effets directs et indirects beaucoup plus lourds. Or, la classe politique créée par les élites bourgeoises traditionnelles ne répond qu'accidentellement à ces exigences nouvelles et la constante dépendance sur des spécialistes subalternes devient une contrainte inacceptable.

Ce n'est pas un accident si, dans un nombre croissant de gouvernements, le pouvoir se trouve aujourd'hui aux mains de gens ayant une formation en science économique ou en administration. Cette tendance traduit, quoique de manière imparfaite, le nouveau besoin d'expertise au plus haut niveau. On a commencé, notamment aux États-Unis, à faire un pas de plus en formant des «équipes de gestion», soit occultes, comme celle qui était derrière Ronald Reagan, soit publiques, comme celle dont Bill Clinton, sa femme Hillary et son vice-président Al Gore constituent le noyau. Même à plus petite échelle, ce besoin de professionnalisme se fait sentir. Bon nombre de villes nord-américaines ne sont plus administrées par un maire élu, mais par un «gérant municipal» embauché comme salarié. Le contrôle populaire est assuré par un conseil municipal formé d'élus, jouant un rôle semblable à celui du conseil d'administration dans une entreprise, devant lequel le gérant est publiquement responsable.

A quel point le mécanisme habituel de sélection de nos démocraties libérales permet-il cette transition vers des gouvernants possédant l'expertise technique qui est de plus en plus nécessaire? La dimension aléatoire du système électif ne permet pas de former systématiquement des femmes et des hommes pour occuper les fonctions les plus importantes de l'administration publique. Le simple bon sens demeure nécessaire, mais il n'est plus suffisant comme base de jugement (pas plus qu'il ne peut l'être dans toute discipline très technique, que ce soit la médecine du cerveau ou la physique nucléaire).

POPULARITÉ OU COMPÉTENCE

Le second volet du problème vient du caractère de concours de popularité qu'a toujours possédé une élection, un caractère accentué depuis deux ou trois décennies par la prépondérance des médias électroniques. Pour en comprendre la nature, rien ne vaut un exemple; celui de Ronald Reagan aux États-Unis est sans doute le plus clair et le plus complet de l'histoire récente, surtout avec l'éclairage que lui ont donné les confidences subséquentes de son entourage immédiat.

Acteur de deuxième ordre spécialisé dans les films d'action et la publicité télévisée, puis recyclé en politique, Reagan possédait au plus haut point les qualités de tête, de voix et de comportement utiles pour se faire élire. Il correspondait presque point pour point au stéréotype du «bon papa» conservateur que, d'après tous les sondages et les analyses, réclamaient les électeurs américains au lendemain des traumatisantes expériences du Watergate de Richard Nixon et de l'amateurisme libéral de Jimmy Carter. En même temps, ses nombreux rôles de cow-boy ou de héros militaire au cinéma lui donnaient une façade de fermeté et de décision qui ne pouvait que plaire à un peuple traumatisé par l'humiliante défaite du Viêt-nam. Sa feuille de route comme gouverneur de la Californie, au moment où cet

État connaissait une exceptionnelle croissance et un minimum de problèmes, lui faisait la réputation d'un gestionnaire compétent. Enfin, son absence à peu près complète de convictions idéologiques et de ligne de pensée cohérente (sauf pour un penchant plus sentimental que réfléchi vers la droite) en faisait un matériau malléable à souhait sur lequel pouvaient s'exercer les artifices des faiseurs d'image.

Il fut élu à deux reprises avec d'imposantes majorités, sans jamais que son aptitude à gouverner soit sérieusement débattue. Son règne fut d'ailleurs un gigantesque spectacle médiatique à peine tavelé par quelques incidents qui faisaient douter de sa capacité d'apprécier les problèmes et d'y faire face par lui-même: l'aveu qu'il somnolait pendant une bonne partie des réunions de son cabinet, sa difficulté à comprendre les questions le moindrement compliquées posées par les journalistes, des erreurs de fait grossières dans des déclarations à brûle-pourpoint lorsqu'il n'avait pas pu être préparé par ses conseillers — la plus flagrante au moment de l'élection de Corazon Aquino aux Philippines. On sait maintenant ce qu'on ne pouvait que soupçonner à l'époque, qu'à toutes fins pratiques, Ronald Reagan ne gouvernait pas. Il était le porte-parole et la figure de proue d'une «équipe politique» ultra-conservatrice qui étudiait les situations, fixait les stratégies et lui présentait simplement pour approbation les décisions déjà arrêtées, couchées dans des termes qu'aurait compris un enfant de dix ans. Sa fonction réelle était de «faire passer» dans la population des messages dont le contenu venait d'ailleurs et dont la forme était mise au point avec le concours des «spin doctors», faiseurs d'image et de slogans.

Malgré cela, et parfois à cause de cela, bien des experts américains et même étrangers estiment que sa présidence fut un succès. Plusieurs affirment que, vu la complexité et la technicité des problèmes à résoudre aujourd'hui, une telle division des tâches est la formule qui peut assurer les meilleurs résultats et qu'elle est appelée à se répandre. Ils en oublient deux inconvénients sérieux. Le premier est que le critère majeur de la prise de décision dans un tel cadre est non pas la justesse ou l'efficacité de la solution, mais la possibilité de la «vendre» à la population. Le second est que l'État, ou du moins le gouvernement, se trouve alors aux mains de gens qui ne sont ni élus, ni responsables devant les élus, ce qui est contraire au fondement même de l'idéal démocratique. La conclusion qui s'impose est que la seule popularité est un bien pauvre critère pour la sélection de dirigeants, si ceux-ci doivent faire preuve d'une aptitude réelle à gouverner.

CONSCIENCE CIVIQUE, INTÉRÊT PRIVÉ

Dans la Cité antique, le droit d'être élevé à une fonction publique dépendait souvent d'une preuve de dévouement à l'État, fournie entre autres par une tradition familiale de service public ou par des actions militaires glorieuses. Cette idée (pourtant bien présente chez les Pères de la Constitution américaine et à la Convention française) a été à peu près entièrement évacuée des démocraties modernes, qui ne posent aucune exigence sur ce point crucial. Les seules restrictions visant à réduire le risque d'ambition personnelle, de collusion ou de malhonnêteté sont appliquées après l'élection plutôt qu'avant; on peut citer en exemple, en Amérique du Nord, l'obligation de dévoiler son portefeuille immobilier et boursier, ou même de vendre ou de placer en fiducie des investissements qui pourraient donner lieu à des conflits d'intérêts.

Pourtant, la question de la probité des hommes publics prend une importance accrue dans les régimes électifs qui gouvernent les États industriels. Les impacts des décisions à caractère économique y sont énormes et peuvent affecter l'avenir d'entreprises importantes, prêtes à dépenser des sommes considérables pour s'assurer la bienveillance des chefs politiques. Plus les intérêts sont gros, plus la tentation est forte. Le mécanisme électoral lui-même force les candidats à solliciter des contributions financières aussi bien des sociétés (ou des syndicats ouvriers) que des individus. Dans bien des cas, les bailleurs de fonds considèrent que ces «dettes électorales» doivent être remboursées par la suite, notamment au moyen d'un accès privilégié aux preneurs de décision ou par la transmission d'information confidentielle. Ces échanges, jadis discrets et informels, deviennent aujourd'hui quasi publics à travers l'institution du lobbying et les «repas-bénéfices» durant lesquels, en contrepartie d'une contribution plus ou moins importante, les convives sont assurés d'avoir l'oreille d'un ou de plusieurs ministres.

Un autre aspect du même problème est celui des «récompenses» qui accueillent souvent l'homme public à son retour dans la vie privée; il se voit immédiatement offrir un poste de haut niveau, grassement rétribué, dans une entreprise. Cette formule remplace de plus en plus le pot-de-vin versé sous la table, plus risqué et plus facile à retracer; si elle est techniquement légale, elle peut avoir exactement le même effet, soit d'exercer sur les décisions publiques une influence indue, avant et après le fait. Or, les pays qui ont adopté des règles interdisant ou limitant ce type de comportement sont très peu nombreux.

Il n'est sûrement pas toujours facile de trouver des méthodes efficaces pour préserver l'indépendance des hommes publics face aux pressions externes. Platon, probablement le premier à aborder le problème, proposait une formule radicale: imposer à la classe politique un régime de type communiste, sans propriété privée et sans argent mais avec un confort luxueux assuré par l'État. Cela ressemblait assez au système soviétique des privilèges de fonction (appartements de luxe, magasins spéciaux, cliniques médicales supérieures) accordés aux dirigeants du gouvernement et du Parti. Reste à savoir quelle approche, de la chaîne plus ou moins robuste des règles démocratiques ou du collier de saucisses de Platon et du Kremlin, a le plus de chance de bien tenir les chiens!

LE PIÈGE DES PRIMAIRES

La tentative la plus démocratiquement logique pour résoudre le dilemme est américaine, entre autres parce que les premiers partis purement électoralistes sont apparus aux États-Unis: ceux-ci formaient la moins stratifiée des sociétés occidentales et il était normal que les partis n'aient pas eu d'idéologie marquée. Ceci a eu pour effet une floraison de potentats locaux (*ward bosses*) qui contrôlaient et manipulaient des électorats captifs qu'ils vendaient littéralement à un ou l'autre politicien; dans un second temps, ces «faiseurs de rois» se sont confédérés pour choisir et placer leurs hommes aux postes les plus lucratifs. Afin de contrer cette appropriation du mécanisme électoral par une clique de «back room boys», on a tenté l'expérience des primaires, qui semble aujourd'hui fasciner plusieurs autres pays.

L'idée de base est simple et vraisemblable: étendre la responsabilité des électeurs vers l'amont, en faisant choisir non seulement les élus, mais les candidats eux-mêmes par la population. La formule varie d'une région à l'autre; parfois, ce sont tous les votants qui sont consultés, parfois seuls ceux qui sont inscrits au parti approprié. Parfois le choix est direct, parfois il porte sur des délégués qui sont contraints d'aller dans le sens décidé par leurs commettants... Il a fallu quelques décennies pour que le résultat cherché soit atteint. Le premier candidat à la présidence non souhaité par l'establishment, mais poussé par la volonté populaire, aura sans doute été le très conservateur Barry Goldwater en 1964; le premier président élu de cette façon, le libéral Jimmy Carter en 1976, le dernier, Bill Clinton en 1992.

Si le mécanisme a bien fonctionné pour arracher le contrôle de la sélection aux manipulateurs occultes, il a cependant des effets secondaires importants et inquiétants:

a) Il met, encore plus tôt dans la démarche, l'accent sur l'image et la popularité personnelle aux dépens des idées et de la cohérence du programme.

b) Il donne libre cours à l'action de groupes de pression poursuivant une fin étroite et spécifique sinon pour imposer leur choix, du moins pour bloquer effectivement tout candidat qui ne se dit pas prêt à céder à leurs revendications.

c) Il court-circuite toute possibilité d'appliquer à l'intérieur des partis des critères minimaux de compétence et d'honnêteté dans la préqualification des élus.

d) Il prolonge les campagnes électorales au-delà des limites du supportable, presque sur une année entière, causant une désaffection tangible des électeurs à l'égard de leurs responsabilités politiques.

Ces conclusions sont tirées des commentaires des principaux analystes politiques et d'une étude assez sommaire de la liste des candidats éliminés et retenus au cours des deux dernières décennies. Il en ressort que les farfelus et les marginaux qui sont tombés en cours de route auraient aussi été mis de côté par toute autre méthode. Pour le reste, les victimes les plus notoires de la «course à obstacles» des primaires ont été les hommes politiques qui faisaient preuve de clarté et de fermeté dans leur façon de voir la chose publique et qui faisaient appel à l'intelligence et au jugement des citoyens plutôt qu'à leurs passions. Les grands vainqueurs ont souvent été ceux qui savaient le mieux exploiter les sentiments et manipuler les médias, notamment en s'appuyant sur les minorités les plus militantes et les plus vociférantes.

Pourrait-on en dire autant de tout autre type de campagne électorale? Si oui, il faut se demander si ces résultats sont vraiment ce qu'on souhaite d'une démarche de sélection des gouvernants; cela remet en question le bien-fondé d'un mécanisme qui multiplie les coûts et les durées pour arriver au même point et, à la limite, l'idée même de campagne comme nous la concevons. Sinon, on est forcé d'admettre que les primaires risquent fort de fausser irrémédiablement l'ensemble du processus. D'une façon comme de l'autre, on aboutit à la conclusion que de confier à l'ensemble de l'électorat ou des membres d'une formation politique le soin de valider les candidatures aux charges électives ne fait rien pour résoudre le problème crucial de la compétence des gouvernants, au contraire.

LES FILTRES INFORMELS

Afin d'obvier autrement que par la technique douteuse des primaires au défaut flagrant que constitue l'absence d'un mécanisme officiel de qualification des futurs élus, la plupart des régimes représentatifs ont mis au point des formules variées pour effectuer une présélection des candidats. La seule constante commune à tous ces filtres informels est leur caractère foncièrement antidémocratique, reposant surtout soit sur l'existence de relations personnelles privilégiées entre les dirigeants politiques, soit sur le fonctionnement hiérarchique des appareils de parti. Quant au reste, les variations peuvent être dues à des facteurs comme le type d'État (centralisé ou fédération), la taille et la composition des élites politiques et économiques, le rôle et l'importance des institutions publiques, etc.

Ces techniques ne s'excluent pas mutuellement; fréquemment, elles s'ajoutent les unes aux autres ou sont appliquées différemment par les formations politiques rivales dans un même pays. Je m'en tiens ci-dessous à une liste restreinte et à une description brève; mon but n'est pas de faire de ce phénomène une étude approfondie, mais seulement de montrer son existence et de souligner ses principales caractéristiques.

Cooptation

Ici, la classe dirigeante choisit elle-même, sur la base des liens personnels, quels sont les nouveaux membres qui y seront admis, en dehors même des différences de parti ou d'idéologie et sur des critères le plus souvent aristocratiques. On trouve des traces d'une telle attitude dans la plupart des démocraties occidentales, mais l'exemple le plus pur et le plus ancien en est l'institution bien britannique des «old boys».

Ce n'est pas seulement que la grande majorité des dirigeants anglais sont issus de familles de la noblesse ou de la haute bourgeoisie (la «gentry»), ni même qu'ils sont passés par quelques célèbres et sélects «public schools». C'est surtout qu'ils se sont presque tous connus dans leur jeunesse et ont conservé entre eux, quelles que soient leurs différences politiques, des relations privées qui tissent un véritable réseau transcendant les barrières des partis. Il est bien connu, par exemple, qu'à plusieurs reprises les dirigeants d'une formation aient consulté en secret leurs adversaires avant de nommer à un poste important un ou l'autre de leurs membres ou, qu'à l'inverse, les chefs de l'opposition soient intervenus discrètement, mais avec succès, auprès de ceux du gouvernement pour bloquer une nomination qui leur paraissait inappropriée.

Grandes écoles

Une autre possibilité est de garantir la formation technique de base par un passage quasi obligé dans certaines institutions. On en trouve des traces en Angleterre, avec la prépondérance des anciens d'Eton, de Harrow ou de Rugby; mais son application la plus systématique se trouve en France, dont la presque totalité des dirigeants politiques sont issus de «grandes écoles» d'État, la principale étant l'ENA (École nationale d'administration), suivie de Saint-Cyr (militaire interarmes), de Polytechnique (génie militaire et civil) et de Normale supérieure (enseignants de haut niveau).

Il n'existe évidemment aucune obligation formelle à ce sujet, mais un examen rapide du personnel politique de premier plan montre une nette prépondérance d'«énarques» et une très faible proportion de dirigeants qui ne proviennent pas d'une des grandes écoles: les anciens premiers ministres socialistes Pierre Mauroy et Pierre Bérégovoy ayant été les exceptions qui confirment la règle.

L'avantage évident est qu'on est ainsi assuré de pouvoir puiser ses futurs chefs dans une classe politique dont la plupart des membres ont déjà acquis une rigueur intellectuelle et une connaissance de la chose publique. L'inconvénient est le caractère quasi confidentiel de la démarche, avec ce qu'il laisse soupçonner de favoritisme et de trafic d'influences, à la fois à cause de la difficulté de l'accès aux grandes écoles et de l'arbitraire de la sélection subséquente.

Structure hiérarchique

Une autre approche est celle qui affirme qu'un dirigeant doit se montrer compétent à un niveau subalterne avant d'accéder à l'échelon supérieur du pouvoir. Elle s'exprime sous deux formes distinctes: dans les régimes de type fédéral, où l'aptitude à gouverner est acquise au niveau local ou régional avant d'être reconnue au niveau national, et dans les partis structurés (souvent à prédominance idéologique), où elle est fonction de la capacité de gravir un à un les degrés de la hiérarchie.

La manifestation sans doute la plus extrême de la première forme se trouve en Allemagne, où les chefs des États régionaux (lander) se voient naturellement octroyer les postes de ministre. Mais on l'applique aussi de manière moins formelle et moins systématique dans d'autres fédérations comme les États-Unis, le Canada et le Brésil. La seconde forme est courante dans beaucoup de partis socialistes et, de façon plus générale, dans les formations de masse organisées selon un modèle pyramidal.

Une telle approche perpétue évidemment l'oligarchie régnante en lui offrant une méthode rationnelle de cooptation de ses nouveaux membres dans le milieu propice de ses propres partisans. En revanche, elle mène assez souvent à des choix douteux qui confirment la justesse du principe de Peter: ce n'est pas parce qu'un apparatchik s'est montré efficace comme subalterne qu'il a forcément la capacité de devenir un dirigeant de haut niveau.

Richesse égale compétence

Le plus ancien mais en même temps le plus en vogue des filtres informels est celui qui assimile la capacité de gérer une affaire privée à celle de gouverner l'État. On le trouvait déjà en Angleterre et aux États-Unis il y a près de deux siècles; après une longue éclipse, il est revenu à la surface avec la vague conservatrice des années 1980, qui mesurait toute forme de compétence à l'aune de la réussite financière et qui affirmait que l'État, dans les rares domaines où on admettait qu'il devait agir, avait tout intérêt à fonctionner comme une entreprise privée.

Curieusement, l'expérience apporte presque quotidiennement un démenti à cette prétention. Le plus souvent, les hommes d'affaires qui se transforment en hommes publics connaissent un succès pour le mieux mitigé, alors que les anciens politiciens font souvent de bons gestionnaires dans l'entreprise. C'est sans doute que les premiers sous-estiment la complexité des problèmes que confrontent les administrations d'État, alors que les seconds, libérés des multiples contraintes et restrictions de la gestion publique, ont les coudées plus franches pour donner libre cours au sens de l'initiative et de la décision qu'ils ont dû aiguiser dans l'arène politique. Pourtant, le mythe du «bon gestionnaire» venu du privé a la vie étonnamment dure, notamment au Canada et aux États-Unis.

L'EFFET DES PARTIS POLITIQUES

La présence de partis organisés n'avait pas place dans les principes originels de la démocratie; de fait, dans les systèmes grec et romain, on se méfiait des factions et on avait imaginé des mécanismes pour en bloquer la création ou du moins pour en réduire l'influence. Mais l'apparition des premiers régimes à suffrage populaire aux États-Unis, en France et en Angleterre au tournant du 19e siècle a été presque immédiatement suivie de la création de blocs politiques plus ou moins durables, comme si cela en avait été une conséquence inéluctable.

La première définition qu'on a donnée d'un parti était essentiellement idéologique: il s'agissait, selon la formule célèbre de Burke, d'un «groupe d'hommes unis pour promouvoir l'intérêt commun par leurs efforts conjugués, sur la base d'un principe sur lequel ils sont d'accord». Marx et ses successeurs ont renchéri en présentant les partis comme les représentants et les défenseurs des intérêts de chaque classe sociale. C'est là une image que préservent la tradition du programme électoral et les noms des organisations elles-mêmes: socialistes, travaillistes, démocrates-chrétiens, conservateurs... En pratique, cependant, les partis sont surtout devenus un mécanisme pour financer les campagnes et faire élire des candidats, sans grande cohésion sur le plan des idées; de beaux exemples en sont l'évolution récente du parti socialiste en France et l'interchangeabilité des deux grands partis américains.

La thèse des défenseurs du système représentatif moderne est que les partis politiques sont une composante indispensable du processus démocratique dans les grands États. Ils seraient rendus nécessaires par la taille et la dispersion des populations qui empêchent l'électeur d'avoir une connaissance directe des candidats, autant que par le coût élevé des campagnes qui, autrement, ne permettrait qu'à des gens très riches (ou soutenus par des riches) de se porter candidats. Si on admet cette argumentation, on accepte la nécessité des partis mais on comprend aussi que leur présence a un effet inévitable sur l'exercice du droit de vote. A ce titre, on se trouve placé devant trois hypothèses: parti unique, bipartisme ou multipartisme. Le modèle libéral rejette ostensiblement le premier — quoique dans les faits, ce rejet soit beaucoup moins catégorique, comme on le verra plus loin.

Commençons par le bipartisme, souvent lié à la tradition parlementaire britannique où l'exécutif est issu plus ou moins directement de la législature, la grande exception étant les États-Unis, qui l'appliquent dans un contexte de régime présidentiel. Cette formule semble répondre à un clivage naturel conservateur-progressiste, tradition-changement, droite-gauche. Elle garantit presque une alternance plus ou moins fréquente entre les deux tendances, offrant l'attrait de ménager à chacune un rôle positif dans le mécanisme: elles forment un couple complémentaire «frein-accélérateur» qui permet à une nation des périodes d'évolution sociopolitique et économique rapides, suivies de périodes plus calmes de «digestion» et d'ajustement à ces changements. Pour les partis eux-mêmes, le fait de se retrouver tour à tour dans l'opposition, leur donne à la fois l'occasion d'avoir une vision critique du gouvernement du pays et le temps de se renouveler pour revenir au pouvoir avec des forces fraîches et des idées neuves.

Ce système a cependant ses défauts. D'abord, il ne propose pas de gamme de choix idéologiques ou stratégiques, mais réduit tout à deux grandes thèses souvent trop tranchées et trop simplistes pour tenir compte de la variété et de la richesse des opinions humaines. De plus, il crée des gouvernements disposant d'un pouvoir absolu pour la durée de leur mandat, constituant une sorte de «dictature de la majorité» où les minorités n'ont aucun mécanisme politique de protection de leurs intérêts; cela mène presque forcément à l'utilisation systématique, parfois abusive des procédures juridiques et à la nécessité d'un arbitre suprapolitique (Cour suprême ou Tribunal constitutionnel) le plus souvent nommé et donc de nature non démocratique.

La solution du multipartisme, plus fréquente en Europe continentale et dans les régions du monde qui ont subi son influence, favorise l'expression d'une plus grande variété d'options idéologiques, non seulement dans l'éventail classique gauche-centre-droite, mais aussi pour la défense de causes spécifiques («Verts», antinucléaire) ou d'intérêts ethniques ou régionaux. Elle mène le plus souvent à des gouvernements de coalition qui ne peuvent survivre qu'en établissant et en maintenant le consensus le plus large possible. A ce titre, elle représente un bien meilleur garant des droits des minorités que le bipartisme; la preuve en est qu'on y voit moins souvent les tribunaux intervenir pour infirmer ou «corriger» des mesures adoptées par les élus.

L'envers de la médaille est que les régimes ainsi formés sont fréquemment instables et de peu de durée; ils tendent à juxtaposer temporairement des formations dont l'entente sur les grandes orientations du pays est superficielle, sinon purement tactique. Il en résulte un manque de cohérence et une absence de lignes directrices, parfois même une dangereuse paralysie. Enfin, notamment dans les États de type fédéral, on voit souvent surgir des blocs régionaux sans envergure nationale qui, en défendant des intérêts strictement locaux, risquent de fausser l'ensemble du processus ou même de provoquer l'éclatement du pays. C'est le cas actuellement, par exemple, au Canada et en Italie.

Ces qualités ou ces défauts complémentaires des deux approches sont sans doute à la source d'un curieux phénomène constaté au cours des deux dernières décennies: pendant que les pays bipartites tendent à dériver vers une multiplication des partis, ceux qui sont déjà dans cet état vivent le phénomène contraire à mesure que leurs grandes coalitions, d'abord temporaires, en viennent à se figer en blocs de gauche et de droite, où l'identité des composantes est de moins en moins perceptible. A l'heure où ceci est écrit, le Canada et la France sont les deux théâtres les plus évidents de cette inversion des traditions: la seconde ne raisonne plus qu'en termes de pouvoir et d'opposition, tandis que le premier s'oriente vers un Parlement à cinq partis (dont deux régionaux) où les orientations traditionnelles de gauche et de droite sont fortement brouillées.

Jusqu'ici, les États-Unis ont échappé à ce mouvement et leurs deux grandes formations, malgré l'incident du «troisième candidat» Ross Perot en 1992, semblent peu menacées de scission ou de l'apparition de nouveaux larrons. L'explication la plus simple en est que le régime américain n'est bipartite qu'en apparence. En réalité, il fonctionne presque exactement comme une structure à parti unique dont le point d'équilibre se situe au centre-droit de l'éventail idéologique.

Si on dépasse la rhétorique électorale et les slogans taillés sur mesure pour faire croire à des différences profondes et flatter les goûts de clientèles assez distinctes, on constate que sur le plan des idées, il y a bien plus qui unit démocrates et républicains qu'il n'y a qui les divise. Tous sont ouvertement chrétiens, libéraux, républicains, capitalistes et individualistes et partagent une vision minimaliste du rôle du gouvernement dans la société. De plus, leurs personnels et leurs électorats sont en grande partie interchangeables, et leurs élus, n'étant pas tenus à une discipline de parti ni à une ligne idéologique, forment régulièrement des alliances *ad hoc* avec leurs adversaires sur une base régionale, morale ou tactique. Ainsi, il est courant que dans une région du pays ce soient les démocrates qui soient «de gauche» (pour autant que cela est possible aux USA), alors que dans une autre ce soient les républicains.

En fin de compte, tout comme dans un régime à parti unique, l'électeur américain n'a pas le choix entre deux ou plusieurs visions, ni même entre des équipes de gouvernement — puisqu'il n'y a pas de discipline de parti et que l'exécutif n'est pas issu des élus — mais seulement entre des personnes. La longue interdiction des partis véritablement de gauche ou de droite et l'extrême difficulté économique et juridique qu'il y a pour une nouvelle formation à briser le cercle fermé actuel, tendent à maintenir en place cet unipartisme effectif sans jamais en admettre ouvertement l'existence.

Une démocratie élective réelle est-elle possible dans un contexte de parti unique? Rien ne s'y oppose en théorie, pour autant que le citoyen ait un choix véritable entre plusieurs candidats. Autrement, il faudrait croire soit que les États-Unis ne sont pas un État démocratique, soit que c'est la fiction du bipartisme qu'on y trouve qui est le fondement de leur démocratie. Il existe d'ailleurs un certain nombre (restreint, il est vrai) d'exemples de partis uniques d'«unité nationale» qui fonctionnent assez correctement à cet égard. En revanche, dans les républiques dites populaires érigeant en dogme la dictature du prolétariat, tout comme dans de nombreux pays où le parti unique sert purement de prétexte au pouvoir d'un «homme fort» ou d'une clique restreinte, on se trouve devant une situation fort éloignée non seulement du modèle libéral franco-américain, mais encore de l'idéal lincolnien du gouvernement «du peuple, par le peuple et pour le peuple»; on ne peut donc leur appliquer le terme démocratie dans son sens le plus courant.

En conclusion, les partis politiques, en tant que structures de pouvoir, sont très rarement démocratiques, dans les États libéraux comme dans les autres; même lorsqu'ils le sont, cela ne résout en rien le problème de la compétence et de la probité des élus, sauf par l'utilisation de «filtres informels» le plus souvent inavoués. Et la puissance qu'ils ont acquise par leur rôle de rouage essentiel du mécanisme électoral en fait des adversaires naturels de toute réorientation vers une démocratie de participation plus directe.

6

Les frères ennemis

LA *DÉMOCRATIE EST NÉE* pratiquement en même temps que le capitalisme industriel. Y a-t-il un lien entre les deux ou seulement une coïncidence? Karl Marx a été le premier à établir ce lien de manière rigoureuse, en soulignant que la bourgeoisie, dont l'essor était dû en grande partie au capitalisme, est la classe sociale qui a pratiquement imposé la démocratie comme la formule politique répondant le mieux à ses besoins; la plupart des historiens, même les plus libéraux, lui donnent aujourd'hui raison sur ce point.

Notre double étude de la nature du contrat social et du contexte historique confirme la chose, mais suggère aussi fortement qu'il s'agit d'un phénomène plus complexe qu'une simple relation de cause à effet. Démocratie libérale et capitalisme ont entre eux des rapports conflictuels qui en font des frères ennemis. Ainsi, il y a un décalage évident entre le rôle théorique de l'État comme administrateur et répartiteur de la richesse commune et la non-ingérence dans l'économie exigée par les thèses du libre marché... qui, en contrepartie, ne saurait fonctionner efficacement sans la stabilité et l'équité garanties par l'«État de Droit».

Un chapitre fascinant de l'histoire de la pensée politique, notamment pendant la seconde moitié du 19e siècle en Angleterre et aux États-Unis, est celui des tentatives pour concilier le libéralisme philosophique et politique de John Stuart Mill, et de ses successeurs, avec le libéralisme commercial et industriel issu d'Adam

Smith. Il a notamment fallu l'apparition du syndicalisme pour faire voir que le même mot, «libéralisme», cachait deux notions très différentes: les libertés politiques étaient bien autre chose que le laissez-faire économique, l'égalité des droits du citoyen ne se traduisait surtout pas par un égalitarisme du travail ou des revenus. La difficulté, autant logique que pratique, que cela posait n'a jamais été résolue autrement que par des compromis plus ou moins imparfaits et souvent de courte durée entre les deux doctrines.

De nos jours, on insiste de plus en plus pour que le rôle joué par l'État dans l'économie, comme arbitre ou comme participant, soit fonction des exigences minimalistes de la théorie économique classique, plutôt que des options sociales déterminées sur une base beaucoup plus large par chaque État. Le libéralisme économique l'emporte clairement sur le politique. Il est assez ironique qu'en même temps que les régimes occidentaux parvenaient à discréditer le communisme comme formule de gouvernement, ils en ont adopté de plus en plus ouvertement une des thèses fondamentales, celle que les autorités démocratiques n'aient pour rôle que de favoriser les intérêts de la classe possédante, assimilés au bien-être du pays; le fait de rebaptiser cette doctrine «économie de l'offre» et de lui supposer un effet créateur de richesse commune à long terme («trickle-down effect») n'en modifie en rien la réalité, que Marx aurait reconnue du premier coup d'oeil.

Je n'ai pas l'intention de faire ici un historique ou une analyse détaillée de cette relation, mais il faut aborder le sujet au moins brièvement pour une double raison. D'un côté, l'idéologie dominante prône en même temps démocratie et capitalisme comme si l'un n'allait pas sans l'autre; elle prétend donc exporter en même temps dans l'ensemble des pays du monde ces deux réalités... ainsi que le paradoxe et les conflits qui les opposent. De l'autre côté, gouverner exige de prévoir et de planifier; or, la doctrine de la toute-puissance du mécanisme de libre marché d'une part, les nécessités électorales de l'autre, posent des obstacles sérieux à toute planification à long terme.

UNE FORMULE PRESQUE SUR MESURES

Il nous est difficile, à nous Occidentaux, d'imaginer un monde où l'argent n'est pas perçu comme un pouvoir en soi. Pourtant, ce fut notre situation pendant des millénaires et c'est encore le cas dans l'esprit des gens d'une grande partie du monde pour qui le capital n'est pas cause ou synonyme de puissance, mais seulement sa manifestation. Tant qu'on le considéra ainsi — comme simple mesure d'échange ou comme métal précieux — en Europe, il ne servait à rien de l'amasser, on ne pouvait que le dépenser. Par exemple, les deux grandes cultures religieuses que nous connaissions, christianisme et islam, interdisaient à leurs fidèles d'exiger de l'intérêt les uns des autres et donc de réaliser un profit direct de la possession de l'argent (ce qui explique en passant comment les juifs sont devenus, presque par défaut, les banquiers de ces deux civilisations!). Pour en tirer un pouvoir réel, il fallait alors le transformer en terres ou en force armée.

Dans ce contexte, la classe bourgeoise, qui tirait ses profits de l'industrie et qui, vivant dans les villes, n'avait pas de grands domaines, ne pouvait s'imposer face à l'aristocratie terrienne et militaire. C'est seulement à la Renaissance, avec l'émergence des financiers lombards et des nouveaux outils d'exploitation de l'argent (banques, traites, Bourses) que le contrôle de la transformation des biens par le travail commença à se traduire en une puissance réelle: le premier exemple massif en fut l'industrie textile anglaise et flamande. Il manquait encore un facteur de croissance rapide de la richesse: il fut apporté par les progrès scientifiques et techniques du 16e au 19e siècles, qui répandirent des machines capables de multiplier l'effet de l'effort humain tout en réduisant l'habileté et la force requises de chaque travailleur.

Pour que ce capitalisme nouveau-né fonctionne au mieux, il fallait cependant que certaines conditions soient réunies: des monnaies stables, un niveau modeste et prévisible de taxes et d'impôts, une protection solide de la propriété privée, en particulier sous sa forme nouvelle et particulièrement volatile de capital sur papier, la liberté d'action et de mouvement pour les industriels et commerçants et pour leurs marchandises. Les systèmes monarchiques de l'époque, capricieux et arbitraires, somptuaires et belliqueux, appuyés sur l'aristocratie et dédaigneux du négoce et de la thésaurisation, ne répondaient évidemment pas à ces besoins. D'où, pour la bourgeoisie, l'attrait d'abord de la monarchie constitutionnelle puis de la démocratie républicaine.

La formule qui finit par être adoptée dépassait les strictes nécessités économiques, pour une variété de raisons: afin de vaincre la monarchie, la classe moyenne devait compter sur l'appui de la masse populaire et il lui fallait donc faire à celle-ci certaines concessions; de plus, elle se percevait comme l'incarnation de ce qu'il y avait de mieux dans le peuple et d'une plus haute moralité (celle du travail, de l'égalité des chances, du caractère sacré de l'individu...) qu'elle voulait traduire dans le régime politique; elle devait enfin tenir compte des exigences plus larges du contrat social et du rôle traditionnel de l'État. Ceci dit, bon nombre des caractéristiques du régime, ou bien étaient faites sur mesures pour le meilleur fonctionnement du commerce et de l'industrie, ou bien se trouvaient à coïncider admirablement avec celui-ci.

L'ÉTAT COMME AGENT ÉCONOMIQUE

La doctrine de la primauté du marché a d'abord été exprimée par les physiocrates français du milieu du 18e siècle au nom du respect de la «loi naturelle» et a connu sa formulation définitive avec Adam Smith, initiateur de la discipline économique moderne. A son apparition, elle ne s'opposait pas tant au dirigisme économique qu'au mercantilisme, une théorie qui affirmait que la richesse d'un pays se mesurait en métaux précieux et qu'il fallait donc favoriser tout ce qui amenait l'acquisition de ceux-ci et bloquer tout ce qui en demandait l'exportation. Ceci supposait une action volontariste des gouvernements dans l'industrie et le commerce, un protectionnisme qui fut la pratique courante aux 17e et 18e siècles en Angleterre et en France (notamment chez Sully et Colbert). A l'inverse, le libéralisme économique soutenait que laissé à lui-même, le marché se réglementait tout seul pour accroître la richesse tout en procurant à la population les meilleurs produits au meilleur prix.

Pour cela, il fallait que les opérations commerciales se déroulent uniquement dans le secteur privé, pratiquement sans intervention d'un État dont le poids et les pouvoirs risquaient de fausser le mécanisme. Pourtant, dans son principe même, cette théorie impliquait un ensemble de conditions et de règles de fonctionnement qui soient les mêmes pour tous: stabilité et fiabilité de la monnaie, protection de la propriété privée, sécurité des déplacements de personnes et de biens à l'intérieur et à l'extérieur du pays, interdiction des manoeuvres frauduleuses et des monopoles, etc. Seule l'autorité publique pouvait assurer un tel cadre et elle continuait donc d'avoir, au moins en tant qu'arbitre, une présence de premier plan dans la vie du marché. Ce caractère régulateur est indispensable dans toute formule libérale; ce qu'il reste à régler est le niveau auquel il doit s'exercer sur les activités économiques. Un minimum de réflexion démontre qu'il ne saurait y avoir à cela de réponse absolue et unique, mais que le choix relève de chaque peuple, selon ses circonstances, ses besoins et ses traditions.

A ce premier paradoxe s'ajoute le fait que par sa nature même, l'État a un rôle d'acteur direct dans l'économie. Comment, autrement, pourrait-il gérer les biens publics importants que lui confie la communauté? La plupart des tentatives pour les confier en fermage à des intérêts privés ont démontré que cette solution était non seulement injuste mais, paradoxalement, inefficace. Il est frappant que les mêmes milieux qui crient contre l'interventionnisme dans leurs affaires sont les premiers à accuser les gouvernements d'être de mauvais gestionnaires et d'accumuler des déficits. Tout en s'opposant en principe au dirigisme et aux subsides, ils se hâtent de recourir aux fonds publics et de réclamer des actions gouvernementales quand leurs affaires vont mal. Mais lorsque l'État agit au nom du bien commun (souvent coïncidant avec le bien d'un groupe de possédants) pour sauver ou secourir une entreprise privée au moyen des deniers publics, la stricte justice exigerait que cette capitalisation plus ou moins cachée soit compensée, comme elle le serait dans une intervention privée, par une prise de propriété et un pouvoir décisionnel proportionnels; ce qui débouche inévitablement sur le capitalisme d'État.

AVOIR COMMUN OU «COMMONWEALTH»

Implicite dans la définition du «contrat social» et explicite dans les constitutions de bon nombre de pays, se trouve l'idée qu'un des rôles clés de tout gouvernement est d'administrer, au profit de tous, les richesses de la communauté. A ce titre, quoi qu'en disent les apôtres du libéralisme intégral, l'État a nécessairement un rôle économique à assumer autre que celui de simple arbitre responsable du bon fonctionnement du libre marché.

En premier lieu, la notion de propriété privée sur laquelle repose le libéralisme européen est beaucoup moins «naturelle» que ne le croyaient les premiers penseurs qui, pour la justifier s'appuyaient surtout sur la division du sol en lots individuels. Or, dans les sociétés qui vivaient de chasse ou d'élevage, la notion même de propriété du territoire n'existait souvent pas; la vie était essentiellement nomade et diverses communautés occupaient tour à tour les mêmes terres selon les saisons. Même après l'avènement de l'agriculture, les pâturages, les forêts et une partie des champs sont souvent demeurés possession commune et indivise. Encore aujourd'hui, dans un grand nombre de pays, l'idée de titre de propriété et de cadastre, si fermement implantée dans la mentalité européenne, demeure vague ou même inconnue: tant qu'un paysan cultive une terre, elle est «sienne», mais s'il doit la quitter pour une raison ou une autre, il ne lui vient même pas à l'esprit qu'il pourrait la vendre.

Dans bien des cas, lorsque la société primitive s'est structurée en État, ce dernier a pris en charge la gestion des terrains et autres biens considérés comme appartenant à tous. Notons en passant que le terme anglais «commonwealth», avant de prendre son acception spécialisée actuelle, avait le sens ambigu de «bien commun», aussi bien au propre (possessions matérielles) qu'au figuré (bien-être). Même dans les sociétés les plus capitalistes, l'État, au nom de la communauté, possède et gère, directement ou par entrepreneur privé interposé, une quantité importante de possessions, qui comprennent par exemple: le sous-sol et les minéraux qu'il contient, les cours d'eau et les zones côtières des mers et des océans, les parcs et édifices publics, l'espace aérien, les ondes hertziennes, le réseau routier, les arsenaux militaires, la monnaie, etc. La liste varie d'un pays à l'autre en fonction non seulement de la tradition, mais encore des exigences mêmes de l'évolution économique et politique. Cependant, elle implique toujours la présence d'un mécanisme administratif d'autant plus complexe et plus raffiné qu'on tend à exiger pour la gestion des fonds et des avoirs publics un niveau de précision et de responsabilité plus élevé que dans le secteur privé.

RÉPARTITION DES RICHESSES

Un autre rôle que l'État joue, surtout dans les démocraties mais aussi dans d'autres régimes où les dirigeants doivent se ménager des appuis populaires, est celui d'une répartition raisonnable de la richesse entre les citoyens. Ceux-ci, en termes élémentaires, s'attendent à ce que le pouvoir auquel ils ont cédé leurs droits politiques leur assure au moins la possibilité de manger à leur faim (le cas limite ayant probablement été la dictature baathiste irakienne des années 1970-1980, où ce phénomène était très en évidence). Parfois cela se fait par crainte d'une révolution, parfois par l'influence des syndicats et autres mouvements populaires, parfois même par une action plus ou moins spontanée d'un despotisme éclairé, comme dans l'Allemagne de Bismarck.

Il ne s'agit pas seulement de morale et de justice; on peut trouver à cela des justifications éminemment pratiques en termes de sécurité, d'ordre intérieur et de stabilité du commerce. Par exemple, dans un contexte de consommation, il faut s'assurer qu'un pourcentage élevé de la population ne se trouve pas repoussé dans une économie parallèle au noir. Ça coûte habituellement moins cher, dans une situation d'abondance, d'assurer un minimum vital à tous que de financer le système répressif qui maintiendra l'ordre par la terreur: le coût d'un seul policier est équivalent à celui de plusieurs assistés sociaux. Il suffit de voir l'évolution récente de la société américaine (violences urbaines, désordres sociaux, trafic de drogue...) pour s'en convaincre.

Malheureusement, dans beaucoup de pays, ce principe simple — et simplement justifiable — est obscurci par une pléthore de programmes complexes et spécialisés nés de préoccupations électoralistes ou de circonstances spécifiques qui ont perdu leur pertinence. Sécurité sociale, assurance-chômage, allocations familiales, impôts progressifs et autres se chevauchent souvent en se contredisant, mêlant à la recherche de la relative égalisation des revenus celle d'autres résultats (croissance ou stabilisation démographique, augmentation des revenus de l'État, protection contre les pertes d'emplois) à l'origine transitoires mais qui deviennent habituellement permanents.

Dans un système capitaliste, il faut aussi nuancer le besoin d'équité avec le maintien d'inégalités indispensables à la création du capital de production. S'il doit y avoir des riches pour investir, les pauvres ne doivent pas l'être au point qu'ils n'ont plus rien à dépenser ou qu'ils deviennent prêts à se révolter violemment. Les gouvernements doivent maintenir un fragile et changeant équilibre entre les deux objectifs, que les positions idéologiques trop catégoriques de droite aussi bien que de gauche mettent en danger. Dans un camp comme dans l'autre, on mène le combat au nom de la morale («pas de cadeaux aux oisifs» d'un côté, «justice pour les démunis» de l'autre) sans voir que les véritables forces en jeu sont politiques et économiques.

L'ÉTAT MOTEUR

On ne connaît pratiquement aucun pays pauvre qui, à l'époque contemporaine, ait accédé au rang de pays riche sous un régime démocratique, alors que de tels cas se retrouvent dans les oligarchies ou même les tyrannies les plus répressives, sans compter les républiques populaires (Singapour, Chili et Hongrie sont des exemples récents de chaque type). Le modèle électoral est peu propice à la prise des décisions impopulaires souvent nécessaires à une croissance économique rapide. Ce volet peu connu mais important du rapport conflictuel entre capitalisme et démocratie mériterait d'être mis en lumière... et mentionné plus spécifiquement aux populations du Tiers-monde à qui on tente de «vendre» la formule démocratique.

En général, les pays peu développés n'ont pas les infrastructures ni les capitaux privés qui leur permettent de se fier au seul effet miraculeux de l'économie de marché. Incapables de soutenir la concurrence brutale des économies avancées, ils se retrouvent le plus souvent inféodés à des puissances (publiques ou privées) étrangères qui tirent le maximum de leurs ressources et de leur main-d'oeuvre puis récupèrent les profits, ne laissant pratiquement rien derrière elles. Les rares exceptions à cette règle sont presque toutes des nations qui ont utilisé leur seule puissance réelle, celle de l'État, comme moteur de développement en fermant plus ou moins complètement, plus ou moins longtemps, leur marché à l'invasion des produits étrangers jusqu'à ce qu'il ait atteint une taille et une stabilité suffisante pour faire face à la compétition de l'extérieur.

UN EXCÈS DE SIMPLIFICATION

Acceptons pour discussion l'idée que l'homme est un «complexe de besoins», comme le pose Marx, et que ces besoins sont purement matériels. Il ne s'ensuit pas automatiquement que leur satisfaction passe par la sphère économique et le libre marché. Des quatre nécessités fondamentales de la vie sur lesquelles on s'entend le plus généralement — nourriture, abri, reproduction, sécurité physique —, seules les deux premières trouvent leur solution par le travail organisé. Les deux autres sont l'effet de l'existence et de la structure de la société même: celle-ci offre d'une part un environnement où trouver un réservoir de partenaires sexuels suffisant, de l'autre un mécanisme qui assure à la fois la protection contre les dangers extérieurs et contre l'arbitraire et l'usage abusif de la force à l'intérieur.

Ceci implique qu'en plus d'une classe politiquement dominante, dont l'existence est indispensable pour harmoniser la production des aliments et la construction des agglomérations, l'armée, la police et le tribunal (ce dernier à la fois dans son rôle d'arbitre des désaccords et dans celui de régulateur de l'état civil) font intrinsèquement partie des institutions humaines sous une forme ou sous une autre, indépendamment de l'évolution économique. Il a pu arriver que ces fonctions ont été remplies de manière indivise par les mêmes instances, mais il est facile de comprendre qu'elles répondent à des besoins humains aussi élémentaires que distincts. Des besoins auxquels l'homme n'a pas trouvé de réponse individuelle... mais dont le travail collectif n'est pas non plus la solution.

Une conséquence de cette constatation est que, quel que soit le régime sous lequel nous vivons, c'est une erreur dramatique que de tout ramener à la dimension économique comme nous sommes en train de le faire. Les simplifications d'Adam Smith et de Karl Marx étaient certes extrêmement utiles pour nous aider à comprendre certaines facettes encore peu connues de la dynamique des sociétés, mais elles n'étaient après tout que des simplifications; il ne faut pas les prendre pour des modèles complets. Non seulement elles ne tiennent pas compte de pans essentiels du rôle de l'État, mais elles passent entièrement sous silence les combats inévitables entre les thèses du libéralisme économique et du libéralisme politique.

Ces points de friction sont déjà nombreux. On peut citer les droits patronaux opposés au droit d'association des travailleurs, l'opposition entre libre marché mondial et souveraineté des peuples, l'école publique et l'école privée, la libre concurrence et la protection du consommateur, la liberté de l'information et le droit à la vie privée, la fiscalité et la liberté des capitaux, la nécessité des mesures sociales et la réduction des charges fiscales, etc.

Ils le deviennent encore plus à mesure que la puissance des outils que nous nous donnons fait que les actions d'un individu ou d'une entreprise ont de plus en plus d'effet sur l'ensemble du milieu. L'exemple le plus frappant et le plus difficile à résoudre à partir des principes traditionnels est celui de la pollution, à la fois parce que les responsabilités sont diffuses et qu'une part importante du phénomène dépasse les frontières nationales. Trois approches différentes ont été suggérées, à partir de trois points de vue opposés correspondant chacun à une vision politique distincte: réglementation locale et internationale, compensation des victimes par un mécanisme judiciaire et système autorégulateur sur une base économique. Rien ne traduit mieux que cette confusion les contradictions internes de la double pensée libérale.

Deux aspects de la relation démocratie-capitalisme nous intéresse surtout ici. Le premier est de savoir s'il est possible de réaliser la première sans le second. Si l'on parle de démocratie libérale à l'occidentale, la réponse est probablement non, pour la raison suivante: pour autant que l'on sache, seul le capitalisme peut donner naissance à une classe moyenne prospère. Or, cette classe est la seule à manifester à la fois le besoin et la capacité d'imposer la combinaison de stabilité et de liberté d'action que la démocratie procure à ceux qui en profite. Une aristocratie ou une ploutocratie n'a pas besoin de suffrgae populaire pour les assurer; une masse populaire fera passer, avec raison, la sécurité et le bien-être matériel qui lui manquent bien avant la liberté et, sauf dans des conditions exceptionnelles de prospérité, aura tendance à accepter plus volontiers un gouvernement autoritaire sans souci de sa légimité, pour autant qu'il satisfasse ces besoins primordiaux.

La deuxième question, abordée plus en détail au prochain chapitre, est celle de la prévision et de la planification qui sont de plus en plus nécessaires pour réussir autant que pour gouverner. La foi quasi aveugle aux vertus du libre marché et l'interdiction faite à l'État d'intervenir activement dans les processus économiques sont des caractéristiques du capitalisme classique qui dressent sur cette voie des obstacles difficiles à contourner. Les États-Unis et le Royaume-Uni, en particulier, se sont élevés de façon virulente contre les vices de la planification centralisée du communisme; ils refusent de voir que plusieurs de leurs alliés du camp libéral (l'Allemagne et le Japon tout particulièrement) pratiquent plus ou moins discrètement une autre forme de planification, plus souple et à base de consensus, qui leur donne un net avantage sur les marchés internationaux. À tel point que même Washington, timidement, commence à envisager l'éventualité d'une politique industrielle à long terme qui lierait l'État et les entreprises.

7

Le lit de Procuste électoral

GOUVERNER, *C'EST PRÉVOIR.* Ce principe est souvent cité, beaucoup plus rarement appliqué dans les États contemporains où, pourtant, il s'avère tout à fait approprié, autant à long qu'à court terme. D'une part, la taille et la complexité des projets mis en oeuvre exigent une planification soignée s'étendant sur une décennie et plus; de l'autre, l'accélération des événements impose de pouvoir corriger rapidement le tir même dans les plus grandes orientations d'une nation. La chose en soi n'est pas nouvelle. Ce qui l'est, c'est l'urgence accrue que lui donne l'avènement de la «société d'information» issue des technologies avancées de transmission et de manipulation des données.

D'où ces deux évidences: tout, dans notre monde, se passe plus vite; tout a une plus grande portée dans le temps aussi bien que dans l'espace. Or les échéances électorales serrées de notre style de démocratie créent un rythme de renouvellement des mandats et des chefs à la fois trop long pour la première et trop court pour la seconde. De plus, l'obligation de chercher à tout prix la popularité afin de se faire réélire restreint dangereusement l'acuité, l'objectivité et l'horizon de la vision des dirigeants, tandis que les limites étroites que la doctrine libérale fixe à l'action de l'État réduisent presque à néant leur marge de manoeuvre. Enfin, les avatars récents de la pratique pourtant saine de l'alternance au pouvoir ont pour effet de mettre en danger, à chaque changement de gouvernement, les plans même les mieux conçus.

Une bonne partie de la récente crise sociale et financière des pays occidentaux peut sans doute être imputée à cet état de choses et il n'est pas facile d'imaginer comment, sans changer le système, on pourra éviter que cette crise se poursuive et se reproduise.

LE LONG ET LE COURT TERME

Le renouvellement des gouvernements élus et de leurs leaders varie, selon les pays, de deux ans (le Congrès aux États-Unis) à sept ans (la Présidence en France); dans les régimes de type parlementaire, où il ne se fait pas à date fixe, la coutume le place habituellement à quatre ou cinq ans. La nature et la durée de ces mandats avaient jadis un lien direct avec la géographie des États, on s'en doute, mais aussi avec les méthodes d'information disponibles. La science politique, qui considère les gouvernements comme des structures de pouvoir, oublie souvent qu'ils sont tout autant des machines à recueillir, traiter et stocker des quantités importantes de données administratives ou démographiques. Pour prévoir, il faut d'abord savoir. Que tous les empires étendus, sur tous les continents, aient maîtrisé une forme quelconque d'écriture et de calcul n'est pas une coïncidence, pas plus que le fait qu'ils aient créé et utilisé les formes les plus avancées de communication disponibles à leur époque.

Dans les Cités grecques dont la taille restreinte permettait à la majorité des citoyens d'être consultés rapidement, il était logique de prendre les décisions en commun et de ne nommer les gens aux postes d'autorité que pour de très courtes périodes; en revanche, par manque de moyens d'information sûrs et rapides, les colonies fondées sur le pourtour de la Méditerranée, au lieu de se mailler en empire, sont vite devenues autonomes et même rivales. Tant que Rome demeura une ville assez modeste, elle conserva le même type de fonctionnement; dès qu'elle se perçut comme le centre d'un empire étendu, elle fut forcée de développer des solutions nouvelles sur deux axes. Elle prolongea graduellement les mandats de ses chefs, jusqu'à l'extrême du pouvoir à vie des empereurs, et mit sur pied un système de communication très avancé pour son époque: construction d'une marine efficace et d'un réseau de grandes routes parcourues de courriers grâce à une technique sophistiquée de relais, le tout permettant des transmissions et des interventions rapides. On pourrait faire des constatations semblables au sujet d'empires aussi éloignés que ceux de la Chine et des Incas du Pérou, tant les mêmes causes ont tendance à produire les mêmes effets.

De même, quand nos démocraties ont été élaborées, surtout entre 1780 et 1880, le rythme de renouvellement des mandats correspondait assez bien à la nature des affaires publiques et aux liens de communication existants. Les communautés étaient assez homogènes, vivaient sur des territoires contigus et assez peu étendus et les problèmes à résoudre étaient moins complexes. Une durée de deux à cinq ans était suffisante pour planifier et mener à bien la plupart des politiques; l'absence d'outils raffinés pour en mesurer les résultats faisait qu'on était peu tenté de corriger le tir dans l'intervalle sauf si, de l'avis général, des erreurs grossières avaient été commises.

Lorsque les empires coloniaux se sont développés, le besoin d'en conserver le contrôle à distance a obligé les pouvoirs centraux, soit à trouver des formes de gouvernements semi-autonomes (par exemple la nomination de gouverneurs ou vice-rois présidant à des conseils de notables locaux), soit à améliorer les techniques de transmission de l'information. Ainsi, l'Angleterre a offert des récompenses substantielles pour le perfectionnement des principaux outils de navigation (compas stable et horloge de bord fiable), en attendant que se développent les navires à vapeur, le chemin de fer, le télégraphe, la radio. En revanche, une certaine myopie et le conservatisme des élites ont fait que, dans les mêmes pays, le système politique interne est resté le même, comme si le monde s'était arrêté à l'ère de la diligence et du voilier. Il faudra attendre Roosevelt et Kennedy aux États-Unis pour voir la politique de campagne, mais non celle de gouvernement, se mettre à l'heure des médias électroniques.

Plus important encore, les nouvelles technologies imposent un niveau de prévision à long terme qui dépasse de loin la durée de vie de la plupart de nos gouvernements. Les succès industriels et commerciaux d'États comme le Japon et la Corée du Sud montrent l'avantage que peut tirer un régime stable d'un système de planification s'étendant sur une longue période mais capable de s'adapter rapidement à des circonstances nouvelles. On peut douter fortement que ces pays, s'ils avaient été soumis aux même incertitudes électorales que les démocraties européennes et nord-américaines, auraient obtenu des résultats comparables; la Corée était une dictature autoritaire et le Japon, sous l'apparence d'un régime électif, était dirigé de fait par une oligarchie restreinte contrôlant un parti inamovible (au pouvoir pendant près de 40 ans sans interruption) et une fonction publique toute-puissante.

On trouve peu d'information dans les auteurs connus sur cet aspect de l'évolution politique; je pense que les quelques exemples ci-dessus et un minimum de réflexion montreront que les exigences de la communication ont toujours joué un rôle important dans la détermination des structures de gouvernement, ce que la «société de l'information» dans laquelle vivent déjà les États industrialisés ne peut qu'accentuer encore. Transposés dans ce contexte, les délais électoraux datant des 18e et 19e siècles constituent souvent un vrai chevalet de torture: les grandes politiques ne font souvent effet qu'au bout d'une décennie et plus, si bien qu'un parti se voit obligé de mettre en place des mesures qui profiteront vraisemblablement à son successeur (et souvent rival acharné). En revanche, l'existence d'instruments de mesure et d'analyse incite à des ajustements à court terme qu'on ne peut faire valider par l'électorat sous le système actuel.

POUR OU CONTRE L'ALTERNANCE

La doctrine classique considère que l'alternance au pouvoir est une bonne chose, sur le plan théorique aussi bien que fonctionnel. D'une part, elle la voit comme un signe de santé démocratique. De l'autre, comme on l'a dit plus haut dans la discussion sur les partis politiques, elle pose que les groupes conservateurs et progressistes y servent à tour de rôle de frein et de moteur à l'évolution sur le plan structurel et juridique; sur le plan économique, le capitalisme élémentaire des premiers tend à favoriser la création de la richesse, la préoccupation sociale et humanitaire des seconds sa répartition plus équitable dans la population. Dans un cas comme dans l'autre, le passage dans l'opposition leur permet de se remettre de l'usure du pouvoir et de repenser leurs programmes. Mais ceci ne vaut que dans certaines conditions. Les deux principales sont un minimum de confiance et de respect mutuels et une différence réelle de vision et de projet social. Or, trop souvent aujourd'hui, règne une animosité doublée de méfiance qui incite chaque camp, dès qu'il arrive aux affaires, à détruire systématiquement l'ouvrage de l'autre au lieu de construire par-dessus.

Jadis, les partis de gauche étaient plus idéologiques et portés à une rhétorique de changement brutal; mais une fois qu'ils parvenaient au pouvoir dans un contexte capitaliste, ils étaient bien forcés de ménager les susceptibilités des puissances financières et industrielles. Ceci les amenait à mettre de l'eau dans leur vin, si bien que leurs mesures sociales étaient tempérées par la conscience des contraintes économiques. Les mouvements de droite, eux, avaient un discours moins catégorique et se contentaient habituellement de stopper ou de ralentir le mouvement sans chercher à faire reculer l'horloge. Cependant, sous l'influence du thatcherisme et du reaganisme, ils sont récemment devenus beaucoup plus dogmatiques et plus intransigeants; comme le monde des affaires applaudit leurs pires mesures rétrogrades et qu'ils restent sourds aux cris d'alarme des syndicats et autres groupes à préoccupations sociales, leur conservatisme en vient à s'exercer pratiquement sans frein.

D'où les privatisations «sauvages», les remises en cause des acquis sociaux, l'anti-syndicalisme systématique auxquels on a assisté depuis un peu plus d'une décennie. Il est de plus en plus visible, malgré les prétentions contraires des économistes fanatiques de la «loi du marché», que ceci débouche sur un appauvrissement des classes moyennes et inférieures et sur des tensions sociales avivées. Inévitablement, ce résultat entraînera de la part des partis de gauche, pour peu qu'ils reprennent le pouvoir, une contre-réaction violente et potentiellement destructrice. Dans un tel contexte d'animosité et de déséquilibre, l'alternance devient dangereuse et réduit à néant toute possibilité de planification à long terme.

Là où ce phénomène ne joue pas, ça s'explique surtout par l'absence de partis idéologiques; on se trouve alors en présence de formations purement électoralistes (ou de coalitions hétéroclites), sans politique définie ni plan à long terme, dont la seule ambition est de durer. Pour cela, elles se contentent de chercher dans les sondages le plus bas dénominateur des désirs de l'électorat et de s'y conformer, peu importent les incohérences qui en résultent. Ici, l'alternance n'a pratiquement aucun effet... si bien que les bénéfices théoriques du mécanisme moteur-frein sont complètement dissipés. La planification à long terme n'est pas menacée, puisqu'elle n'existe pas au départ. En revanche, les ajustements à court terme ne sont éclairés ni par une vision, ni par une perception claire des besoins réels de la société, mais uniquement par des préoccupations de «marketing-propagande» en vue d'une réélection.

VISION ET PROPAGANDE

De plus en plus, les programmes politiques sont élaborés non à partir d'une vision cohérente, mais en se fondant sur des résultats de sondages et d'analyses d'opinion; la seule chose qui distingue les partis en est le ton et le vocabulaire. Ceci pose plusieurs problèmes: manque de logique interne, absence de choix véritable, grave manque d'imagination et d'audace dans les solutions à des défis inédits.

On accuse de cela les médias électroniques pour la place excessive qu'ils occupent dans la démarche électorale. En réalité, ceux-ci n'ont fait que servir de révélateur à des tendances qui étaient déjà présentes. En accélérant le rythme de déroulement des campagnes, en exacerbant les tensions, en rendant plus visibles les incohérences, les faussetés et les erreurs, la télévision ne crée rien qui n'existait déjà sous une forme moins perceptible. Le problème n'est pas dans la caméra, mais dans le processus qui la rend toute-puissante et ce processus est un élément essentiel du système démocratique.

La même chose est vraie des sondages et des analyses d'opinion. Qu'ils influencent ou non le public importe assez peu au fond, puisque l'objectif de toute l'opération est précisément d'influencer l'opinion par tous les moyens possibles. On voit mal comment un sondage, même faussé, pourrait faire plus de tort qu'une propagande mensongère ou haineuse... Or, alors qu'il existe un consensus croissant pour réglementer les sondages, la moindre tentative pour faire de même sur le discours tenu par les candidats apparaît immédiatement comme une atteinte à la liberté d'expression. Dans un tel contexte, il est difficile pour les partis et les politiciens d'élaborer et d'exposer clairement des politiques et des orientations sérieuses, et tout aussi difficile pour les électeurs de les analyser.

Les partis et les leaders sont élus en bonne partie sur la foi des promesses qu'ils ont faites, souvent à qui mieux mieux et dans un but de pure propagande, pendant la campagne; paradoxalement, rien dans le mécanisme démocratique ne les oblige à respecter ces promesses une fois au pouvoir. Au contraire, l'oubli des engagements pris envers la nation est devenu plutôt la règle que l'exception, et le seul recours est de défaire leurs auteurs au scrutin suivant. Mais entre-temps, ils auront pu mettre en place sans réelle opposition des politiques qui ne correspondaient souvent que fort peu au voeu de la population et qui n'avaient jamais été présentées ni discutées au préalable.

DURÉE OU MANDAT

Lorsqu'ils élisent leurs chefs, les États contemporains le font sur la base d'une durée fixe ou du moins approximativement limitée dans le temps par la coutume. Dans l'Antiquité (et encore récemment dans divers organismes privés ou publics), cela se faisait plutôt sur la base d'un mandat ou d'une tâche spécifique mais de durée variable. Il serait sans doute intéressant de réexaminer une telle approche, en particulier dans le contexte d'un retour plus ou moins marqué vers la démocratie de participation: au lieu d'élire des dirigeants sans conditions pour une période fixe, on pourrait simplement leur donner la «commande» d'exécuter telle politique décidée en commun, avec l'obligation de venir en public rendre compte de leurs succès ou de leurs difficultés à des intervalles prédéterminés — mais pas nécessairement électoraux.

On peut imaginer que cette méthode qui combine la représentation avec la démocratie directe donnerait des résultats supérieurs au mécanisme actuel, visiblement inadéquat. De là à dire que dans cette direction se trouve le salut ultime de la démocratie, comme on l'entend de plus en plus souvent depuis quelques années, il y a tout un pas à franchir.

8

La faillite de la modernité

UN DES PHÉNOMÈNES D'ACTUALITÉ les plus étonnants et les plus inquiétants pour un esprit rationnel est l'évident retour, dans les sociétés occidentales les plus avancées, vers la superstition: cela va des manifestations les plus bénignes (ou même socialement utiles) comme le renouveau du sentiment religieux, jusqu'à ce sectarisme fanatique et parfois meurtrier dont les États-Unis, en particulier, ont le secret — les davidiens de Waco, Texas en ont été l'exemple le plus récent. Entre ces extrêmes, il y a le *New Wave*, les pratiques «alternatives» et diverses autres formes d'occultisme de salon, la croyance aux horoscopes et aux présages, même de la part des hommes publics, et la tendance de certains scientifiques à donner artificiellement une place à des «réalités» spirituelles dans leurs visions pourtant bien matérialistes du monde.

Il n'est pas suffisant de décrire le phénomène, encore moins de le déplorer. Car il ne s'agit ni d'une aberration, ni d'une folie passagère, mais d'un symptôme. Il faut donc cesser de traiter ceux qui en sont victimes de fous ou de minus et se demander plutôt ce que leur attitude signifie. A mon avis, c'est l'indice d'un malaise de civilisation causé par une triple faillite, celle de la rationalité sous trois de ses formes les plus caractéristiques de l'Occident: l'humanisme libéral, la politique démocratique et la vision scientifique.

L'«EXPLICATION» QUI N'EXPLIQUE RIEN

Quoi qu'en ait dit le marxisme (et après lui la plupart des penseurs sociaux et politiques qui se réclament de la rationalité), la religion n'était pas de prime abord un mécanisme de contrôle social. Ce fut là un détournement, par les dirigeants politiques et économiques, de sa fonction première qui était de rassurer l'homme face à un univers incompréhensible, donc menaçant. Presque toutes les religions primitives déifiaient et donc «expliquaient» les phénomènes naturels puissants et inexplicables: soleil, lune, mer, ciel, foudre, feu... A mesure qu'on a commencé à percevoir le caractère naturel de ces météores, la religion est devenue à la fois plus abstraite et plus sociale.

Cette perception de son rôle originel rend fort bien compte des retours périodiques (notamment au cours des dernières années) vers la religiosité et le mysticisme: lorsque science et politique, qui prétendent expliquer et gérer la vie au bénéfice des humains, ne remplissent pas leurs promesses, on retourne vers des solutions plus primitives. Et comme les Églises «officielles» ont souvent fait l'erreur stratégique de s'allier à la politique et de tenter de cohabiter avec la science, elles ont ouvert la porte au triomphe des superstitions plus anciennes (spiritisme, divination, horoscope) et des sectes qui, elles, opposent résolument leurs thèses simplistes aux vérités scientifiques complexes, abstruses et inquiétantes, et qui fonctionnent le plus souvent en marge des systèmes politiques quand ce n'est pas en opposition avec eux.

Une conséquence importante de cette évolution est que les religions dans leur ensemble risquent fort de perdre leur utilité politique et sociale, qui venait de leur capacité de contrôler le comportement de leurs fidèles et de les rendre plus dociles et plus passifs; les sectes souvent anarchiques ne remplissent pas ce rôle de façon aussi efficace que les Églises reconnues, du moins tant qu'elles n'ont pas été récupérées par le pouvoir (exemple: le christianisme). La grande exception à cette règle dans le monde contemporain est l'islam, qui conserve tout son poids et son utilité politique; on notera qu'il n'a fait aucun effort pour s'adapter à la vision scientifique du monde, et qu'il s'abstient généralement de se laisser récupérer par les pouvoirs politiques en place et notamment par le courant à la mode de démocratie bourgeoise. Ce n'est probablement pas une coïncidence qu'il soit aujourd'hui la seule des grandes religions à croître encore.

LA SCIENCE DE LA POLITIQUE

Depuis Auguste Comte, Proudhon, Marx et les spencériens, science et politique se sont alliées dans leur promesse de rendre la vie et l'univers à la fois plus compréhensibles et plus hospitaliers. Plus encore, les politicologues (ou politologues) ont tenté de transformer en science exacte l'étude des formes de gouvernement et de la gestion du pouvoir, à l'image de ce qu'ont fait pour leur domaine les économistes. Comme ces derniers, ils poursuivaient le double but d'analyser de manière objective les phénomènes politiques et d'offrir aux dirigeants des conseils et des recettes pratiques, soit pour mieux gérer, soit plus simplement pour se maintenir en place. Machiavel a fait une multitude de petits.

Après un peu plus d'un siècle de cette démarche, force est de constater que si le premier volet (théorique) a progressé considérablement, le second sur l'application de la théorie est loin de tenir ses promesses. Face au désordre actuel du monde, on ne peut pas dire que les gouvernements plus «scientifiques» ont réussi à nous rendre la vie beaucoup plus simple ou plus sûre. Ils sont parvenus pour un temps à faire illusion, notamment (pour les démocraties) en mettant leurs difficultés et leurs ratés sur le dos des «méchants communistes», pendant que les républiques populaires faisaient de même en accusant les «démons impérialistes».

Il est donc probable que la montée récente de cynisme politique dans les populations occidentales, en particulier le rejet massif des élites, est directement relié à la chute du communisme: les électeurs ont eu le temps de comprendre au moins confusément que la disparition de l'«ennemi» qu'on rendait responsable de tous les dérapages n'a pas changé grand-chose dans les faits. Pendant ce temps les pays de l'Est, après s'être parfois brutalement débarrassés de leurs dirigeants totalitaires et avoir démontré une confiance touchante mais peut-être mal placée dans la démocratie à l'Occidentale pour résoudre des difficultés qu'elle est bien incapable de régler même chez nous, ont commencé à revenir sur leurs pas (Lituanie, Pologne).

Si la démolition du mur de Berlin ne signifie pas la «fin de l'histoire» comme l'affirme un penseur japonais, elle marque au moins l'apparition d'une déchirure sérieuse dans le manteau de rationalité dont s'était affublée la politique. Par exemple, la croyance que les principes démocratiques sont une donnée immuable, mais que les hommes politiques peuvent à l'intérieur de ce cadre obtenir les résultats qu'ils veulent et donc «tenir leurs promesses», même les plus farfelues, en a pris un sérieux coup. On devrait donner meilleur crédit à la thèse contraire selon laquelle les idéaux et les structures peuvent être modifiés, mais une fois qu'on les a adoptés, ils imposent aux situations une logique et une dynamique que les individus et les partis sont bien incapables d'infléchir autrement que dans les détails.

LA POLITIQUE DE LA SCIENCE

Après avoir eu de l'univers une vision magique pendant la quasi-totalité de son histoire, la société humaine a connu une courte période de rationalisme assez généralisé (du moins dans les régions du monde dites «évoluées») qui a peut-être duré de la veille des premières révolutions bourgeoises jusqu'à la dernière après-guerre. Ce fut un temps où les progrès remarquables des sciences physiques pouvaient nous faire croire non seulement que la nature était explicable, mais que nous étions sur le point d'en acquérir une compréhension globale qui serait à la portée de tout homme raisonnablement intelligent et informé. Ce sentiment allait jusqu'au prétentieux «il ne reste rien à découvrir» des scientistes de la fin du 19e siècle. Il ne devait pas durer.

A partir de la preuve de la réalité de l'atome que fut pour le grand public la bombe d'Hiroshima, de la croissance fabuleuse et foisonnante des sciences de la vie et de l'extension inouïe qu'a donnée à la taille de l'univers (et conséquemment à son âge) la radioastronomie, l'homme ordinaire a commencé à voir d'une part que le réel est bien moins aisé à comprendre que nous ne le pensions et d'autre part que si telle compréhension il y a, elle sera si complexe et ésotérique qu'elle se trouvera hors de portée de tous sauf quelques cerveaux particulièrement puissants. L'adoption, peut-être inévitable, de jargons abstrus et différents pour chaque discipline scientifique n'a pas aidé les choses.

Cette constatation faite, il devenait plus simple, moins frustrant et dans bien des cas plus efficace de considérer les interactions entre les éléments de notre univers, à tous les niveaux, comme des effets du hasard plutôt que comme des résultats de mécanismes rigoureux mais trop élaborés pour être prévisibles. C'est la voie qu'ont empruntée un grand nombre des partisans de la raison; les autres, beaucoup plus nombreux, se laissent graduellement tenter par un retour (sous des formes diverses et variées) à une explication magique de l'univers qui a du moins le mérite de leur simplifier la vie. Une fois ce pas franchi, il est très difficile de rebrousser chemin, car la vision est devenue affaire de foi — donc de sentiment — plus que d'intelligence et même des contradictions répétées perdent le pouvoir de l'ébranler.

LE GIGANTISME HUMANISTE

Le troisième volet de la rationalité héritée du Siècle des lumières est celui de l'humanisme libéral. Il affirmait que la société était perfectible au moyen d'un dosage de bonne volonté et d'application de quelques principes universels. La promesse était d'un monde plus pacifique, plus fraternel, plus «humain». A plusieurs reprises, on a cru y parvenir: au lendemain des deux grandes «guerres pour mettre fin une fois pour toutes aux guerres» et plus récemment avec la promesse d'un «nouvel ordre mondial».

Mais cet espoir non plus ne semble pas plus près de se réaliser qu'il ne l'était il y a quelques générations. Les causes de cet échec probable sont nombreuses:

a) Le capitalisme dont la richesse a permis à l'humanisme de progresser lui créait en même temps des obstacles infranchissables, par exemple en accentuant les inégalités. Le plus bel exemple en est l'histoire récente des relations Nord-Sud.

b) La vision internationaliste adoptée par les intellectuels ne s'est jamais étendue au reste des populations, qui continuent à s'identifier à leurs communautés locales, régionales ou nationales bien avant d'être des «citoyens du monde» et qui, au moindre prétexte, manifestent de nouveau leur méfiance sinon leur haine pour tous les «étrangers».

c) La tendance des humanistes à dénoncer les attitudes inacceptables (nationalisme, racisme, sectarisme religieux...) sans tenter de les comprendre, ni de faire la part des choses, a pour effet non pas de les faire disparaître, mais de les rendre plus ancrées mais moins ouvertement perceptibles. Dès qu'elles ont l'occasion de refaire surface, elles surgissent avec autant de violence et d'aveuglement que jadis: ex-URSS, ex-Yougoslavie, mouvements racistes en France, en Allemagne.

En fin de compte, l'humanisme a débouché sur des structures artificielles et sur un gigantisme dans lesquels la plupart des gens ne se reconnaissent plus. Par ignorance ou par mépris, il a laissé aux mains de ses adversaires une grande part des institutions locales, près des populations et donc dans lesquelles ces dernières se reconnaissent le plus aisément. Ici encore, on doit constater une faillite de la rationalité.

L'ATTRAIT DE L'IRRATIONNEL

On peut contester la réalité de ce triple échec de la rationalité et souligner que le niveau de déception n'est pas le même pour ses trois composantes. Mais ce n'est pas là l'important; ce qui compte, c'est que le phénomène est perçu comme réel et qu'il accroît de façon importante l'attrait de l'irrationnel pour une forte proportion de nos concitoyens. Cet attrait se fonde sur plusieurs facteurs:

a) Les formules «magiques» offrent du monde une vision réductrice qui, superficiellement du moins, est beaucoup plus facile à comprendre que les argumentations alambiquées, techniques et abstraites des politiciens, des scientifiques et des humanistes professionnels.

b) Elles proposent une explication par métaphores qui, à première vue, se vérifient concrètement dans l'expérience quotidienne. Le croyant accepte tous les faits qui confirment sa croyance et rejette ou oublie ceux qui la contredisent, ce qui a un effet de renforcement auquel ne peuvent faire appel des démarches plus rationnelles.

c) A la limite, selon l'expression célèbre d'Arthur C. Clarke, «toute science qu'on ne comprend pas est perçue comme magie». La technologie contemporaine abonde de prodiges incompréhensibles pour le commun des mortels qui ont l'effet paradoxal d'accroître la foi dans le miraculeux plutôt que de la réduire.

d) L'adhésion émotive à un «principe» religieux ou spirituel simple a pour effet presque immédiat d'éliminer le sentiment d'impuissance de l'individu face à l'univers. En effet, le recours à la prière, aux incantations ou aux talismans, quelle que soit leur forme, promet d'obtenir des effets qu'on n'ose plus attendre de l'application de la rationalité.

Cette résurgence de la vision magique même dans les populations occidentales soi-disant éclairées ne peut que constituer un sérieux obstacle à la propagation de la démocratie et, encore plus, à sa critique et à son amélioration. C'est à ce titre que le phénomène, qui dépasse de beaucoup les limites de cet ouvrage, nous intéresse ici.

9

Un manque de choix?

SI L'ON VEUT RÉCUSER LA DÉMOCRATIE comme régime politique, quels autres choix s'offrent à nous? La réponse traditionnelle est dans une célèbre typologie grecque utilisée par la plupart des auteurs: gouvernement d'un seul, de quelques-uns ou de l'ensemble des citoyens, chaque formule ayant deux versions, une orientée vers le bien commun, l'autre vers l'intérêt de ceux qui détiennent le pouvoir. On peut cependant se demander si cette grille recouvre la totalité des options envisageables, et surtout si l'évolution récente des sociétés n'a pas provoqué des changements majeurs de paramètres qui imposent une nouvelle analyse.

On trouvera premièrement que les choix, même à l'intérieur de ce schéma, sont loin de se limiter à une demi-douzaine car chacun des types a connu de multiples formes dans la pratique. On constatera aussi qu'il existe effectivement certaines formules «hors-système» comme les théocraties et les dictatures du prolétariat. Enfin, la double pression des exigences de la complexité moderne et des outils offerts par la technologie pour les résoudre nous pousse fortement vers des solutions technocratiques qui étaient impensables il y a une ou deux générations. Il faut donc, avant de condamner sans retour notre style de démocratie, examiner chacun de ces aspects et voir quelle latitude il nous laisse pour développer une nouvelle formule qui soit à la fois acceptable quant à ses principes et fonctionnelle dans la pratique.

LA DIVISION CLASSIQUE

L'analyse comparative sur laquelle s'appuyait Churchill et à laquelle réfèrent la plupart des auteurs se fonde sur une définition des systèmes politiques qui date d'Hérodote et qu'Aristote a systématisée en une grille bidimensionnelle: dans un sens, le nombre de gens qui partagent le pouvoir, dans l'autre, la façon dont ils l'utilisent. Elle offre deux inconvénients dont il faut tenir compte. Le premier est qu'elle avait été imaginée pour l'étude des gouvernements des petites cités grecques et ne s'applique qu'imparfaitement aux grands États modernes. Le second est qu'elle ne tient pas compte de certains des principes et des mécanismes politiques les plus importants développés au cours des deux derniers siècles, notamment la séparation des pouvoirs et la prépondérance des partis politiques. Malgré son antiquité et son caractère incomplet, cette grille est cependant encore souvent mentionnée et elle offre un point de départ utile pour évaluer les diverses options disponibles.

Monarchie et tyrannie

C'est la formule où le pouvoir est exercé par une seule personne, soit en son nom propre, soit en celui de la communauté. Dans l'histoire de l'humanité, c'est sans doute le régime politique le plus répandu; il est même probablement le plus «naturel», en ce sens qu'il est le premier à surgir dans les communautés humaines. Il reprend le modèle familial courant de l'autorité paternelle et il favorise un pouvoir central fort, souvent nécessaire pour assurer la sécurité d'une communauté qui vient de se former, surtout dans un environnement hostile.

Contrairement à l'idée qu'on s'en fait habituellement et à la pratique récente, l'avènement au pouvoir d'un chef unique était fréquemment le fait d'une élection, plutôt que d'un coup de force ou d'une transmission héréditaire. Les membres de la communauté s'entendaient explicitement pour nommer à leur tête le plus vigoureux ou le plus astucieux d'entre eux. Même dans les monarchies héréditaires européennes, on trouvait des traces de cette procédure: l'élection de l'Empereur d'Occident, la proclamation par Louis le Pieux de son fils Lothaire comme son successeur «par la volonté du peuple» autant que par la grâce de Dieu... Que la monarchie soit devenue dans bien des cas héréditaire est dû à trois causes bien distinctes:

a) La préservation de la paix sociale et de la sécurité publique; la présence d'une méthode automatique de choix du prochain souverain réduisait le risque de conflit pour l'obtention du pouvoir, pouvant aller jusqu'à la guerre civile. L'histoire mouvementée de la succession des empereurs romains et la Guerre des deux roses en Angleterre sont de bons exemples de ce genre de danger.

b) L'avantage qu'il y avait à préparer de manière systématique un futur dirigeant à gouverner dès son plus jeune âge. Dans une économie de subsistance, on ne peut libérer qu'un petit nombre de membres de la communauté pour remplir une fonction non directement productive. On a donc intérêt à identifier ceux-là le plus tôt possible et à les rendre compétents pour les tâches qui les attendent.

c) La propension naturelle de l'élite à favoriser ses descendants, à «garder le bien dans la famille». On voit souvent ce sentiment comme la seule cause, mais en réalité il n'a joué qu'un rôle secondaire, faisant pencher un peu la balance vers une formule de succession plutôt qu'une autre.

Si l'autorité est définie par un cadre constitutionnel plus ou moins explicite et que la succession se fait de manière ordonnée, le plus souvent dans la même famille, on parle de monarchie. Lorsqu'elle est exercée sans contrôle (et habituellement conquise par la force), on a une dictature ou une tyrannie. Dans la typologie classique, on distingue aussi les deux formes de pouvoir individuel selon qu'il s'exerce pour le bien de la communauté ou pour celui de l'individu qui le possède.

De nombreux exemples des deux formules existent encore de nos jours. En pratique, il n'est pas rare qu'on passe de l'une à l'autre: un tyran parvient à se rendre assez populaire pour créer une dynastie héréditaire légitime, ou un souverain arrivé au pouvoir de façon légitime se met à agir en despote et effectue un coup d'État interne qui l'affranchit des contrôles constitutionnels.

Aristocratie et oligarchie

C'est le gouvernement d'un petit nombre, c'est-à-dire que le pouvoir est détenu par un groupe restreint de citoyens, soit en leur propre nom, soit en celui de la majorité. Il prend trois formes principales qui peuvent se combiner de diverses façons. La première est celle du Conseil des anciens ou Sénat (dans le sens originel du terme), dont les membres sont choisis en fonction de leur âge et de leur expérience. La seconde est fondée sur l'excellence, d'où son nom d'aristocratie qui vient du grec ancien «gouvernement des meilleurs»; dans sa forme traditionnelle, elle implique généralement une division en castes héréditaires, mais ce n'est pas indispensable, comme le montre la version moderne que nous appelons technocratie. Enfin, si le critère d'appartenance au groupe dirigeant est uniquement la richesse, on parle de ploutocratie.

La typologie classique ne reconnaissait que deux de ces formes, l'aristocratie, qu'elle identifiait à un gouvernement de la minorité mû par le bien commun, et l'oligarchie (interprétation élargie de la ploutocratie), où le groupe au pouvoir profite de sa position pour favoriser d'abord ses propres intérêts et assurer sa perpétuation. On comprend pourquoi les grands analystes politiques du début du siècle, comme Weber et Michels, trouvaient à nos systèmes occidentaux une allure oligarchique!

Démocratie et démagogie

Dans cette formule, l'ensemble du peuple possède le pouvoir et l'exerce soit directement, soit à travers des représentants qu'il choisit. Si cela se fait dans une optique de bien commun, c'est à proprement parler une démocratie. Si au contraire on insiste sur les droits et les avantages de chacun, la théorie classique veut qu'on se trouve devant une démagogie. Sur la base de cette distinction, beaucoup de nos démocraties contemporaines n'en sont pas.

De manière plus fine, les régimes démocratiques à l'occidentale se divisent en trois types principaux: parlementaire, présidentiel et directorial. Le troisième, qui n'est pratiqué qu'en Suisse, est une curieuse survivance de la Révolution française qui va carrément à contre-courant de tout le reste; non seulement il fait de l'exécutif (en théorie du moins) à peine plus qu'un simple exécutant des décisions du législatif, mais encore, au moyen des procédures de référendum et d'initiative, il réserve à l'ensemble des citoyens un rôle nettement plus actif et plus fréquent que dans les systèmes représentatifs «classiques».

Le système présidentiel «pur» n'a pratiquement réussi à s'implanter qu'aux États-Unis. Il suppose un président élu au suffrage universel, exerçant au moyen d'un cabinet qu'il nomme directement un pouvoir exécutif complet séparé du législatif: techniquement, il n'a même pas le droit de proposer de lois. La législature est aussi élue par le peuple et sert de contrepoids à la présidence, notamment en contrôlant ses dépenses (adoption du budget) et en examinant ses nominations aux postes importants de la fonction publique. Si la formule américaine a survécu, c'est probablement dû à la coutume plus qu'à quelque magie constitutionnelle; dans tous les autres pays où elle a été expérimentée, elle a rapidement dégénéré en dictature ou éclaté sous les tensions entre les deux branches du gouvernement.

Le système parlementaire, d'origine britannique, est le plus répandu. La législature (du moins sa chambre basse) y est élue, et un exécutif (cabinet) dirigé par un premier ministre en est tiré et qui, pour gouverner, doit conserver la «confiance» des députés. En pratique, dans la plupart des cas, le pouvoir législatif en vient à jouer un rôle subalterne, se contentant de confirmer les décisions et d'adopter les lois édictées par le cabinet. Ceci est dû surtout à l'importance prise par les partis politiques qui imposent à leurs membres une discipline qui les prive de toute initiative.

Certains pays, comme la France, ont adopté une formule hybride qui tente de concilier les avantages du système à la britannique avec ceux du système à l'américaine. Ils ont donc à la fois un exécutif dépendant de la législature et une présidence élue; selon que les pouvoirs de cette dernière sont plus ou moins réels, ils tendent plus ou moins vers la formule présidentielle, sans jamais vraiment la suivre. De toute manière, comme tous les autres régimes démocratiques sauf le suisse, ils conservent une saveur fortement oligarchique avec parfois des prétentions à l'aristocratie.

HORS DE LA TRADITION

La grille ci-dessus, même corrigée et complétée par les auteurs modernes, exprime d'abord les perceptions de l'Antiquité. L'évolution historique depuis cette époque et dans des régions du monde hors du bassin méditerranéen montre qu'elle est loin de tenir compte de tous les facteurs. Par exemple, les Grecs ne concevaient comme entités politiques que de petites Cités dont la population ne dépassait pas le demi-million et dont la taille était limitée à ce qu'un homme pouvait parcourir en une journée à pied ou à cheval sur une mauvaise route. Ils ne tenaient pas compte des problèmes particuliers posés par les grands empires; les Perses et les Égyptiens leur étaient familiers, mais ils les considéraient comme des «barbares» dont les coutumes politiques n'étaient pas dignes d'intérêt (comment le leur reprocher? Nos politicologues modernes pensent presque la même chose des empires chinois ou arabes).

Par ailleurs, ils n'avaient pas découvert le principe du partage des pouvoirs et ne pouvaient imaginer que l'autorité puisse être fractionnée et répartie entre diverses institutions; leurs assemblées et leurs tribunaux étaient à la fois législatifs et judiciaires, et leurs exécutifs entièrement soumis aux instances populaires. Ils ne tenaient donc pas compte de la dimension «répartition du pouvoir» qui constitue un élément majeur de la science politique moderne. Enfin, comme leur philosophie faisait passer l'État avant le citoyen, ils ignoraient les joies de la Charte des droits et, étant peu sectaires sur le plan religieux, ils n'avaient pas imaginé la formule théocratique sauf comme un artifice de la tyrannie.

Pour avoir un juste portrait des options disponibles, il faut donc ajouter à la grille classique certaines formules hors catégorie dont on trouve facilement des exemples dans le monde contemporain.

Théocratie

C'est un système où la société est régie non par des lois adoptées ou décrétées par les gouvernants, mais par un code prétendument d'origine céleste, mis en pratique soit par des dirigeants civils, soit par une caste de prêtres. Les «républiques islamiques» sont la manifestation la plus frappante de cette formule, mais pas la seule. On oublie que pendant des siècles, l'Église catholique a eu comme principale ambition de transformer l'Europe en une théocratie où, selon la théorie des «deux glaives», rois et empereurs ne gouverneraient que selon les règles de l'Évangile tel qu'interprété par le Pape et les évêques.

Deux phénomènes qui avaient peu à voir avec les principes politiques et la liberté des individus ont contrecarré cette ambition: l'émergence des nationalismes, en particulier en France et en Angleterre, et l'éclatement de l'homogénéité doctrinale chrétienne sous l'effet d'abord du Grand schisme d'Occident puis de la Réforme protestante. Il est intéressant de noter que deux phénomènes semblables jouent (bien plus que les lumières de notre pensée démocratique) le même rôle de nos jours pour empêcher l'émergence d'une «nation islamique» unie, soit le sectarisme religieux entre sunnites et chiites et les différences ethniques et nationales entre Arabes, Berbères, Iraniens, Afghans, etc.

République populaire

Les communistes avaient inventé la notion de «dictature de classe», qui justifie l'exercice, en principe temporaire, du pouvoir par un parti unique à caractère fortement idéologique. L'idée de base est simple: puisque la démocratie bourgeoise est gouvernée par une clique restreinte au nom de la classe dominante, son effet ne peut être inversé que par un système comparable orienté en sens contraire. Donc, la démocratie populaire consiste en un contrôle complet du pouvoir par une organisation autoritaire, quasi militaire, qui doit agir au nom et dans les intérêts de la classe ouvrière devenue dominante à son tour. Ce n'est qu'à l'inévitable mais lointain avènement de la société sans classes que cette structure pourra disparaître avec le «dépérissement de l'État».

L'apparente efficacité et la cohérence de cette approche totalitaire ont séduit nombre de pays nouvellement indépendants au cours des dernières décennies, mais avec des résultats souvent décevants. D'une part, les apparatchiks du parti «temporairement au pouvoir» avaient tendance à s'installer à demeure dans ce dernier et à se créer un ensemble de privilèges qui en ont fait rapidement une nouvelle classe. D'autre part, les régimes bourgeois riches qui dominent l'économie mondiale acceptaient mal ou pas du tout les républiques populaires et les soumettaient à une forme d'ostracisme financier et politique qui a créé chez elles une sorte d'état de guerre permanent, empêchant toute évolution politique et durcissant encore l'autoritarisme du régime.

Depuis la fin des années 1980, la disparition du mur de Berlin et l'effondrement de l'URSS, la plupart des démocraties populaires se sont écroulées. Il est trop tôt pour savoir si elles se mueront en démocraties; le climat actuel n'incite certes pas à l'optimisme, car il se caractérise plutôt par des désordres sociaux et politiques qui, si on se fie à tous les précédents connus, sont les signes avant-coureurs, sinon les catalyseurs, de dictatures autoritaires. Que la puissance américaine puisse par la seule force militaire éviter cette éventualité est loin d'être évident, si l'on se fie à ce qui s'est passé depuis 1990 en ex-Yougoslavie.

Le cas le plus intéressant, peut-être aussi le plus prometteur, est celui de la Chine, qui a réussi à maintenir intact son régime politique pour amorcer une conversion graduelle et ordonnée vers une solution originale. L'épisode sanglant de Tienanmen, triomphe brutal de la raison d'État traditionnelle sur l'individualisme importé d'Occident, a aveuglé la plupart des observateurs au fait que par ce geste décisif, Beijing a probablement évité le genre de processus délétère et extrêmement dangereux qu'on voit à l'oeuvre dans plusieurs autres anciens pays socialistes. La Chine fait face à de sérieux problèmes, mais il est clair qu'elle a du moins préservé les outils politiques et sociaux nécessaires pour les affronter.

Chez nous, on présente cette évolution comme un mouvement vers le capitalisme et la démocratie, mais une lecture attentive des informations publiées à ce sujet, dans des publications aussi conservatrices que *Time* et *Business Week*, indique plutôt la cristallisation d'une formule hybride uniquement chinoise. Celle-ci conserve des éléments majeurs de la démocratie populaire en y combinant ce qu'elle considère le plus dynamique dans le système occidental de libre marché; ainsi, la plupart des nouvelles entreprises sont des partenariats entre le capital privé, souvent provenant de Chinois vivant à l'étranger, et des institutions publiques locales ou régionales à caractère sociopolitique: communes, provinces, syndicats. La progression se fait non pas en ouvrant le pays à tout venant, mais en décentralisant et en libéralisant région par région, selon la nature et le niveau de l'économie.

Il y a aussi de bonnes raisons de penser que ceci n'est pas une innovation instantanée déclenchée par la dégénérescence du communisme mondial, mais une étape plus ou moins sciemment planifiée d'un changement déclenché il y a près de deux décennies. Dès 1987, *Scientific American* soulignait que dans la décennie précédente, les Chinois étaient passés d'un état de famine presque chronique à l'autosuffisance alimentaire, tandis que l'Organisation mondiale de la santé les jugeait le peuple le mieux nourri au monde. Plus impressionnant encore, ce bond en avant s'était fait tout en réduisant de plus de 10% la main d'oeuvre agricole; on rendait ainsi l'équivalent de toute la force de travail de l'Allemagne disponible, soit pour l'usine, soit pour une éducation plus avancée. Il est difficile de croire que la récente poussée d'industrialisation est une pure coïncidence... et donc le récent exode massif des paysans vers les villes, si désordonné soit-il, serait l'effet d'une crise de croissance plutôt qu'un indice d'échec ou d'essoufflement.

L'État corporatif

Cette vision est née des travaux de l'économiste Peter Drucker qui, depuis plus de quatre décennies, s'est attaché à décortiquer le fonctionnement des grandes corporations industrielles et financières modernes et à prédire leur évolution. Drucker lui-même, et surtout certains de ses disciples, ont avancé que ce modèle de structure d'autorité et de gestion pourrait avec avantage être adopté par le monde politique. Ils inversent en quelque sorte le raisonnement du libéralisme économique: au lieu que le secteur public confie au secteur privé le maximum de responsabilités, il devrait simplement importer dans son propre fonctionnement les principes du domaine privé. Une partie de leurs thèses est passée dans la pratique courante, notamment par la création de nombreuses sociétés d'État administrées selon les règles de la concurrence classique et par l'adoption de méthodes de comptabilité interne dans les ministères.

Mais l'application globale de cette approche pose au moins autant de problèmes qu'elle peut en résoudre. Le premier, purement pratique, est qu'on voit beaucoup mieux aujourd'hui qu'il y a une ou deux générations les failles et les carences du modèle: tout autant que les organisations gouvernementales, les grandes entreprises peuvent se fossiliser et se fonctionnariser, pour peu qu'elles soient assez grosses et jouissent d'une période assez longue de prospérité facile. IBM, General Motors et quelques autres viennent immédiatement à l'esprit.

Deuxièmement, la structure corporative pyramidale et inégalitaire nécessaire à la prise de décisions sans appel est directement contraire à toute forme imaginable de démocratie réelle et ressemble beaucoup plus à une hiérarchie militaire. Dans toute l'organisation, mais particulièrement au sommet, les promotions se font et doivent se faire au mérite et par cooptation; on voit très difficilement comment l'action du «pouvoir du peuple» pourrait, dans un tel contexte, s'exercer même au niveau très restreint où elle le fait dans les démocraties représentatives actuelles.

Enfin, une relation fonctionnelle est difficile à établir entre les «patrons» et les citoyens. Ceux-ci, dans la logique de cette théorie, se trouveraient à la fois les «employés» et les actionnaires du système. Comment pourraient-ils d'une part conserver un pouvoir décisionnel au plus haut niveau, celui du «conseil d'administration», tout en acceptant d'autre part les ordres des cadres politiques et des gestionnaires dans la pratique quotidienne? C'est le paradoxe dans lequel se trouvent la plupart des entreprises autogérées, mais multiplié par l'impact qu'aurait alors l'État corporatif dans toutes les sphères de la vie.

LE PROBLÈME TECHNOCRATIQUE

Ni les Anciens, ni les penseurs du Siècle des lumières, ne soupçonnaient le caractère hautement technique qu'allaient prendre les activités des gouvernements sous l'effet des transformations apportées par l'industrialisation d'abord, par l'informatisation ensuite. Dans leur esprit, l'administration de la chose publique ne réclamait pas d'autre compétence que celle que possédait un homme instruit et raisonnablement informé, avec une mentalité de généraliste. Avec l'extrême spécialisation de tous les types d'expertise aujourd'hui, est-il encore suffisant d'élire de tels «hommes de bonne volonté» à la tête des États, ou si une forme ou l'autre de technocratie n'est pas devenue, sinon souhaitable, du moins inévitable, même au plus haut niveau?

La question se posait dans un chapitre précédent quant au choix des leaders. Elle revient encore plus fort sur le tapis lorsqu'on étudie les divers types de régime. Est-il possible de concilier l'exigence technocratique avec le principe démocratique du «gouvernement par le peuple», ou s'agit-il là d'une nouvelle formule distincte qui impose sa propre logique, ses propres mécanismes, ses propres structures en conflit direct avec les concepts d'élection et de représentation?

La technocratie signifie nécessairement la présence d'une élite (constituée sur la base de la compétence plutôt que du sang ou de la fortune) et un mode d'accès au pouvoir qui tienne compte de l'expertise. Celle-ci doit être acquise de façon formelle par une formation préalable, ce qui implique que les futurs dirigeants sont sélectionnés et connus à l'avance, donc qu'ils ne sont pas élus par les méthodes habituelles. Ils ne peuvent pas non plus «représenter» le peuple dans le sens où l'entend l'idéologie démocratique: s'ils dirigent, ce n'est pas parce qu'ils ont été choisis, mais parce qu'ils en ont la compétence.

On peut imaginer deux approches à la technocratie qui respectent le principe du «pouvoir du peuple», aucune cependant ne correspondant à la doctrine classique. La première est suggérée par une pratique empruntée du secteur privé mais de plus en plus courante dans les municipalités nord-américaines: l'exécutif est non pas élu, mais embauché sur la base d'offres d'emploi. Il doit cependant répondre à une assemblée élue de représentants des citoyens qui joue plus ou moins le rôle d'un Conseil d'administration. La seconde est une formalisation du système français et des expériences américaines récentes: on n'élit pas des dirigeants individuels parmi des candidats issus du peuple, mais des «équipes de gouvernement» formées d'experts ayant dû préalablement démontrer leurs qualifications auprès d'une sorte de Conseil de révision qui pourrait prendre la forme d'un Sénat.

Conclusion

Par-delà la démocratie

LA DÉMOCRATIE LIBÉRALE a donc des vices de forme et de fond assez sérieux. Je pense avoir démontré de façon satisfaisante que, non seulement dans son mode actuel de fonctionnement mais dans ses principes mêmes, on peut lui reprocher les défauts suivants: elle ne permet pas de choisir les bons gouvernants; elle s'adapte mal à la planification exigée dans une société moderne axée sur la connaissance et l'information; elle mène à un perpétuel conflit dans la communauté. A cela, il faut ajouter des éléments de critique qui ont été apportés par d'autres auteurs, notamment diverses faiblesses d'exécution et une étroitesse et une myopie culturelles qui en font un produit difficilement exportable.

Enfin, il faut tenir compte qu'elle joue dans notre société le même rôle que jouait avant son arrivée le «principe» de la noblesse du sang: protéger le statut d'une classe dominante. Cette accusation est si bien connue qu'elle a pris des allures de cliché. Elle est aussi dépréciée aujourd'hui parce qu'elle a servi de cri de ralliement au mouvement marxiste pendant plus d'un siècle... mais on oublie qu'elle a été reprise et prouvée systématiquement par une foule d'historiens et de politicologues capitalistes et libéraux. Il faut donc la prendre au sérieux. Que le groupe social au pouvoir porte aujourd'hui le nom de bourgeoisie, ou de «classe moyenne», plutôt que d'aristocratie, ne change rien à la chose... d'autant plus qu'après un élargissement provoqué sans doute par la peur du communisme, il tend à resserrer maintenant ses rangs et revient à un statut quasi héréditaire et à des notions de «privilèges de caste» qui rappellent très fort ses prédécesseurs.

Ce système peut-il survivre et s'étendre malgré tout cela? Tant que l'hégémonie économique et militaire américaine se maintiendra, probablement; le problème est de savoir si ses défauts n'auront pas pour effet, n'ont pas déjà, pour effet de mettre cette hégémonie en péril. Et que peut-on faire pour corriger la situation? Le mieux que je puisse offrir, pour échapper un tant soit peu à l'accusation de critique purement destructive, est de voir à quel point un changement est vraisemblable et dans quelles directions il pourrait se produire. Il restera ensuite, à moi ou à d'autres, à suggérer un certain nombre de pistes qui paraissent prometteuses, soit pour replacer la démocratie dans des voies moins inégales et moins dangereuses, soit pour préparer une transition vers un système différent sans l'extrême violence qui préside habituellement aux changements politiques majeurs.

PEUT-ON SE PERMETTRE D'EN RESTER LÀ?

La première question qui se pose est: pourquoi changer? Après tout, ce régime semble avoir mené une bonne partie de l'Occident vers un niveau de prospérité inégalé dans l'histoire, il assure au simple citoyen à la fois le confort, la sécurité et un degré appréciable de liberté, en même temps que l'illusion agréable d'avoir quelque chose à dire dans la manière dont le monde est mené.

Même si cet argument est vrai dans son ensemble (pour une petite partie des nations seulement), il faut lui opposer que, selon tous les indices qu'on peut relever, la formule est usée. Elle est allée à peu près aussi loin qu'elle le pouvait dans le monde industrialisé et commence à manifester de sérieuses lézardes, aussi bien à cause de ses contradictions internes que parce qu'elle ne correspond plus aux exigences d'une nouvelle situation. Il me paraît évident par ailleurs qu'elle ne parvient pas à s'implanter de manière durable dans la plupart des autres régions de la planète. Là où elle le fait, elle n'apporte pas les résultats escomptés en termes de confort et de sécurité des citoyens et des États.

Donc, le système s'essouffle. Pour ceux qui en douteraient, voici quatre indices que j'ai déjà mentionnés ci-dessus dans d'autres contextes, mais sur lesquels j'insiste parce qu'ils m'apparaissent plus durables que de simples incidents ou des fluctuations conjoncturelles:

a) **Les crises internes de l'Occident:** Un des secrets du succès de l'Occident comme ensemble économique et social a longtemps été que tout en préservant les inégalités indispensables à la dynamique du capitalisme, il résorbait l'écart apparent entre les riches et les pauvres pour paver la voie vers une société plus équilibrée et donc plus paisible et plus sûre, même pour les possédants. Cette tendance a été inversée et l'écart s'est accentué, même en période de prospérité et plus encore lors d'une récession, tout au long de la dernière décennie; il en résulte des troubles (chômage, vagabondage, drogue, criminalité, désespoir chez les jeunes) qui réduisent globalement la qualité de vie. Des conflits de société comme ceux de l'avortement et de l'environnement soulignent vivement le caractère de plus en plus tendu et agressif de notre milieu social et l'absurdité qu'il y a à vouloir résoudre des problèmes de bien commun sur la seule base de l'affrontement entre les droits individuels.

De plus, la désaffection visible à l'égard de la «classe politique» dans la plupart des pays dits démocratiques risque de vider de toute signification le mécanisme électoral, retirant à la démocratie sa dernière justification pratique, alors qu'on a déjà abandonné les justifications morales ou philosophiques.

b) **La bombe de l'Europe de l'Est:** La soi-disant libéralisation des anciennes républiques socialistes tourne au cauchemar. Au lieu que la démocratie et le capitalisme dont leurs habitants rêvaient leur apportent instantanément confort, stabilité et sécurité, ils ne font que ranimer les vieux démons des haines ethniques et creuser l'écart de niveau de vie entre l'Est et l'Ouest, même dans le cas le plus favorable, celui de la réunification des Allemagnes. Si on se fie à une multitude de précédents historiques, il faut prévoir pendant une décennie ou plus un chapelet de changements politiques violents dans cette partie du monde. Il y a risque réel d'un bain de sang avant que la situation ne s'apaise, dans des pays dont certains possèdent des armes nucléaires de portée globale, une perspective peu rassurante! C'est peut-être là le théâtre qui montre le plus clairement le danger et l'inconscience de vouloir «vendre» notre vision restreinte de l'idéal démocratique à des peuples qui, n'en ayant jamais eu l'expérience, n'y sont pas préparés et qui, de plus, n'ont certes pas les moyens de se payer ce produit de luxe dans l'état de désarroi où ils se trouvent.

c) **Islam et relations Nord-Sud:** La poussée de l'intégrisme islamique dure maintenant depuis assez longtemps (une quinzaine d'années) pour qu'on cesse de la prendre pour un accident. Ce mouvement n'a l'appui ni des intellectuels, ni des élites politiques et économiques du monde musulman et fait face aux efforts conjugués des puissances occidentales; malgré cela, il gagne sans cesse du terrain et bat en brèche la tendance démocratique (soutenue par toutes les forces ci-dessus) presque partout où il la rencontre. Or, à tous les niveaux, il représente le contraire de cette tendance; il est arbitraire, totalitaire, opposé au progrès technique et à une vision rationnelle du monde, et peu respectueux des droits et des libertés individuels. C'est la meilleure illustration (mais c'est loin d'être la seule) de l'impossibilité d'une implantation forcée des idées et des formules européennes dans une culture qui leur est totalement étrangère, pour peu que cette culture ait une vitalité suffisante pour résister au premier assaut. Il ne s'agit pas de dire que les intégristes ont raison, mais de souligner que leur position, qui nous paraît absurde et rétrograde, possède en elle-même assez d'attrait pour assez d'êtres humains qui ne sont pas plus idiots que nous, pour triompher de ce qui nous paraît la seule vérité possible. Il faut donc admettre, soit que cette position a des vertus qui nous échappent, soit que nos évidences en sont bien moins que nous ne le croyons.

d) **Montée de l'Orient extrême:** La seule région du monde qui ait connu une croissance explosive, que certains jugent même inquiétante, depuis la seconde guerre mondiale est le versant asiatique du «Pacific Rim». Or, pratiquement aucun des pays qui s'y trouvent n'a suivi la voie démocratique pour y arriver. Au contraire, tous ont mis l'accent sur les obligations communes plutôt que sur les droits individuels, presque tous ont sévèrement restreint la liberté de parole, usé de discrimination envers leurs minorités, planifié leurs économies, limité l'accès à leurs marchés. Ce n'est que sous la pression de leurs occupants américains (Japon), ou sous l'effet de leur nouvelle affluence, que certains ont adopté un visage plus démocratique; encore celui-ci n'est-il souvent qu'un masque qui cache des comportements oligarchiques ou dictatoriaux. Combien de temps faudra-t-il aux pays en voie de développement pour se rendre compte de la supercherie qu'est pour eux le «modèle occidental» et pour conclure, comme l'ont fait des économistes américains, qu'une dictature intelligente, mais autoritaire, offre de bien meilleures chances de succès que la démocratie qu'on voudrait leur voir pratiquer?

PARTICIPATION OU DICTATURE

Face à tous ces nuages qui s'amoncellent à l'horizon, il paraît logique que l'on souhaite et recherche un changement de cap. Mais d'où peut-il venir? J'imagine, dans le prolongement logique de l'évolution actuelle, quatre avenues inégalement probables.

La première est celle d'une rénovation par l'intérieur, par exemple sous la forme d'une «démocratie de participation» telle que proposée par certains penseurs, comme le Canadien C. B. MacPherson et le Québécois Jacques T. Godbout. L'idée en soi est attrayante, mais je ne vois pas bien par quelle sorte de mécanisme cette évolution pourrait se produire en douceur. Pour se réaliser, elle exige des ajustements majeurs dans la structure des partis et des organismes politiques existants et un degré de participation beaucoup plus élevé des citoyens dans les décisions publiques. Cela revient presque à transformer nos démocraties représentatives en démocraties délégatives à l'Athénienne, c'est-à-dire à modifier le principe même de fonctionnement du régime dont toute l'économie actuelle concentre le pouvoir aux mains d'une oligarchie restreinte et suppose un degré important d'apathie des citoyens.

Admettons que la démocratie de participation corrige pour une bonne part la tendance actuelle vers une société conflictuelle en proposant un forum *politique* pour débattre les questions controversées autrement que par l'affrontement entre groupes de pression; en revanche, elle ne règle que très partiellement la difficulté de la planification et de l'ajustement des stratégies et pas du tout celle de la qualité des chefs.

Enfin, elle suppose que dans des conditions économiques propices, des dirigeants, actuellement arc-boutés sur leurs positions sans même être menacés, acceptent de céder une partie de leurs pouvoirs sous une pression populaire modérée et pacifique. Dans la crise sociale et économique prolongée que nous vivons actuellement, ce n'est guère plausible. Il est presque certain qu'un tel bouleversement ne pourrait que s'accompagner de secousses violentes et d'une sérieuse dislocation du système politique. Or, cette hypothèse est la seule qui prévoit une survie de la démocratie sous une forme apparentée à celle que nous connaissons.

La seconde possibilité est celle d'un sursaut violent, peut-être sanglant, causé par un ras-le-bol général des classes moyennes et populaires qui finissent par conclure que sous la formule actuelle, leur sort ne peut que continuer d'empirer comme il le fait depuis une décennie ou plus. On rejette toujours du revers de la main ce genre de danger, mais l'histoire enseigne qu'il est souvent d'autant plus proche qu'on le voit moins venir. Le peuple français n'a jamais semblé aussi désorganisé qu'à la veille du 14 juillet 1789; l'Angleterre n'a jamais paru si paisible et prospère que juste avant la Guerre civile de 1642. Je ne veux pas jouer les Cassandre, seulement mentionner que la possibilité existe et que la plupart des conditions pour qu'elle se réalise sont réunies, ou presque.

Ceci entraîne deux corollaires qui semblent inévitables. Premièrement, les événements de 1991 en Russie montrent que la possession d'un arsenal militaire tout-puissant ne sert pas à grand-chose contre un soulèvement populaire dans un pays qui se réclame de la tradition libérale. Dès les premières escarmouches, les chefs politiques hésitent à lancer les troupes et il n'est pas du tout évident que celles-ci, essentiellement issues des milieux modestes, ne vont pas prendre fait et cause pour les émeutiers. On objectera que cela s'est passé différemment dans l'affrontement entre Boris Eltsine et le Parlement deux ans plus tard; soit, mais qui peut encore sérieusement prétendre que le président russe agit en libéral? Deuxièmement, le renversement d'un gouvernement qui apparaît comme indécis et faible a presque toujours pour effet de susciter, immédiatement ou après un court intervalle de désordres, la venue d'un «homme fort» (Cromwell, Napoléon, peut-être Eltsine?) qui prend les choses en main de façon autocratique. En d'autres mots, il est tout probable qu'un remplacement violent de régimes électifs serait suivi d'une série de dictatures: adieu, démocratie.

UN RÉGIME «INTELLECTUEL»

Faudra-t-il attendre pour changer la situation qu'apparaisse, selon la théorie marxiste, une nouvelle classe détentrice d'un pouvoir majeur qui ne serait pas reconnu par une présence adéquate dans la structure politique? Ce n'est pas impossible. Marx et ses disciples croyaient que la bourgeoisie serait la dernière de ces classes et que le prolétariat lui succéderait définitivement; il est clair aujourd'hui que le capitalisme a réussi d'abord à fractionner, puis à recruter dans ses rangs une bonne part de la «classe ouvrière». De plus, la montée des machines automatiques a considérablement restreint l'importance numérique et la force de cette dernière, qui n'avait comme arme que son monopole de la main-d'oeuvre. S'il y doit y avoir relève de la garde, il faut chercher dans une autre direction. Laquelle?

La réponse la plus fréquente qu'on entend depuis près d'une génération et que je suis tenté de faire mienne dans cette troisième hypothèse est «les intellectuels» dans le sens le plus général, c'est-à-dire tous ceux qui travaillent de la tête et contrôlent les outils d'information. Pourquoi? Parce que sous nos yeux, l'économie et la nature même des biens produits sont en train de changer. Dans un monde où l'exploitation du savoir prend de plus en plus de place, ces gens en viennent naturellement à se considérer comme les plus aptes à gouverner... exactement comme les bourgeois l'ont fait à l'orée de l'ère industrielle. Il y a là une certaine logique: le Moyen-âge et la Renaissance ont vu le pouvoir passer des chefs militaires aux grands propriétaires terriens, et l'ère des révolutions de ceux-ci aux bourgeois, à mesure que le contrôle de la force armée cédait le pas à la gestion des terres puis à la maîtrise des processus de création de biens; il n'est pas impossible que, la production matérielle perdant de son importance face au traitement d'information, ce soient ceux qui savent piloter ce dernier qui décident de confirmer politiquement leur nouveau statut dominant.

Ce processus de transition est déjà engagé en douceur, sous le manteau du capitalisme le plus classique. A mesure que les financiers et les courtiers prennent le pas sur les producteurs, on assiste à une dérive majeure de la signification du capital: c'est l'argent *médium d'information* qui triomphe sur l'argent *instrument de production.* Si les banques et les maisons de courtage prennent une si grande importance aujourd'hui, ce n'est plus qu'elles sont des auxiliaires indispensables de l'industrie, mais plutôt que déjà elles vivent, sans même en avoir conscience souvent, dans le nouvel univers de la gestion du savoir.

La coïncidence partielle qu'on constate entre la bourgeoisie industrielle et la classe des gestionnaires de l'information ne doit pas faire illusion. Que le remplacement d'une caste par l'autre se soit fait brutalement dans certains pays il y a deux cents ans ne veut pas dire qu'il doit toujours en être de même. Après tout, en Angleterre et en Allemagne, le passage s'est fait plus graduellement, une partie de la «gentry» et de l'aristocratie seigneuriale se muant en haute bourgeoisie industrielle et commerçante sans trop qu'on s'en rende compte. De même, bon nombre des grands propriétaires terriens de l'ère précédente étaient les descendants des chefs de bande qu'ils ont remplacés à la Renaissance. Rien n'empêche donc les banquiers et technologues qui constituent l'avant-garde de la prochaine élite dirigeante d'être en même temps des bourgeois fils ou neveux d'industriels ou de barons marchands.

Cette transition relativement douce ne devrait cependant pas nous aveugler sur le fait que les nouveaux-venus n'auront ni les mêmes objectifs, ni la même vision des choses que leurs prédécesseurs. Il faut donc envisager la principale conséquence possible du phénomène: la démocratie libérale, organe du pouvoir de la bourgeoisie, pourrait bien être remplacée par une autre forme de régime mieux adaptée aux nouveaux maîtres, tout comme la monarchie centralisée avait succédé à la pyramide féodale et avait elle-même été détrônée par le régime actuellement en vogue.

Si cela se produit, les «principes universels» dont on fait grand cas maintenant se retrouveront sans doute un jour au magasin des accessoires désuets, où ils rejoindront la théorie des «deux glaives» et la thèse du «droit divin des rois», qui eurent en leur temps tout autant de poids et furent jugées tout aussi universelles et absolues (pour ceux dont cela pique la curiosité, disons que la première servait à arbitrer le conflit entre le pouvoir temporel et le pouvoir religieux dans l'Europe médiévale, et la seconde à justifier par une «volonté manifeste» du Ciel la succession héréditaire de quelques familles sur la plupart des trônes du même continent quelques siècles plus tard).

UN BIBELOT CULTUREL

Ma dernière hypothèse, la plus radicale, est que sans correctifs majeurs, les défauts internes de la démocratie libérale continueront à miner et à affaiblir les sociétés occidentales jusqu'à ce qu'une autre région du monde prenne l'ascendant et impose à son tour sa vision des choses. L'Extrême-Orient est le candidat tout désigné pour ce rôle, surtout si le Japon et la Chine finissent par trouver, par-delà leurs méfiances millénaires, un *modus vivendi*. Quiconque a étudié même très rapidement ces États est conscient qu'ils n'ont rien de démocratique, ni de libéral, dans leurs traditions ou dans leurs façons de penser. Ceux d'entre eux qui ont adopté notre système l'ont fait le plus souvent en façade et sous pression.

Le plus vraisemblable est qu'ils se hâteraient, une fois soustraits à l'ascendant occidental actuel, de revenir à des modes de gestion du pouvoir qui leur soient plus familiers et qui correspondent mieux à leur mentalité et à leurs cultures. De quoi ces systèmes auraient l'air, je laisse à d'autres plus qualifiés le soin de le prévoir; chose certaine, on risquerait peu d'y retrouver des idées comme celles de la primauté du bonheur de l'individu sur le bien de la collectivité et de l'égalité des voix de tous les citoyens, quels que soient leur âge, leur sexe, leur ethnie ou leur niveau social.

De là à ce que, comme nous l'avons fait depuis deux générations, les nouveaux maîtres soient tentés de répandre leur «formule idéale» sur l'ensemble de la planète, il n'y a pas si loin, d'autant que certains de ces pays ont un passé marqué par un féroce impérialisme. Dans un tel cas, la démocratie à l'occidentale ne disparaîtrait peut-être pas, mais elle deviendrait au mieux une pittoresque survivance, un bibelot culturel un peu folklorique comparable à la Cour des «rois qui règnent et ne gouvernent pas» de la vieille Europe ou à l'apparence de patriarcat nomade préservée par les actuels émirs du pétrole.

APRÈS NOUS, LE DÉLUGE?

Il est probable qu'aucune des hypothèses ci-dessus ne paraît à la fois réaliste et souhaitable à la plupart d'entre nous. Pourtant, ce sont les seules qui sont susceptibles de se produire si on laisse les choses suivre leur cours selon les tendances actuelles, les seules qui sont publiquement évoquées ces jours-ci, en plus d'un *statu quo* dont nous avons vu que sa survie à long terme est bien improbable. Est-il possible d'envisager un autre dénouement, ou faut-il, comme Louis XV, voir venir la tempête sans pouvoir faire quoi que ce soit pour l'éviter: après nous, le déluge?

A cette question, je n'ai de réponse toute faite. Je ne veux pas tomber dans un des pièges qui ont happé trop de mes prédécesseurs, le premier consistant à se persuader qu'au fond, la situation ne peut pas être si grave qu'on la perçoit, le second étant de proposer une «solution» qui ne correspond pas aux problèmes qu'on vient d'exposer. Non seulement les facteurs à considérer sont nombreux et complexes, mais ils ne constituent pas tous des faits quantifiables et classables dans une grille bien organisée. Je vais donc vous les livrer en vrac, dans l'espoir que d'autres sauront mieux que moi y trouver un ordre et une logique.

Tout d'abord, s'il y a une réponse, elle se situe au niveau d'une refonte des principes de base, non d'un ajustement des mécanismes ou de réparations à la structure existante. Les défauts montrés ci-dessus ne sont pas affaire de conjoncture, de personnel politique ou de difficultés de fonctionnement, ils sont inhérents aux fondements du système. C'est tout celui-ci qu'il faut mettre en cause, c'est toute la démocratie qui doit être réexaminée. Je soupçonne que nous nous trouvons au seuil d'une époque charnière comparable au 6e siècle avant J.-C. en Chine (Lao-Tzeu et Confucius) et en Grèce (apparition des Cités et des philosophes), à l'hégire en Arabie, à l'avènement du Siècle des lumières en Europe. Ce n'était pas alors, ce n'est pas aujourd'hui le temps des demi-mesures.

Le débat doit être un débat d'idées. Non pas de ces idées toutes faites qu'on se relance comme des balles de tennis chaque fois que la discussion vient sur le sujet (participation, rôle des citoyens, droits de la personne, liberté d'expression, etc.), mais des idées nouvelles, à rebrousse-poil, audacieuses au risque de paraître farfelues, qui prennent source dans la nature même du problème. Des idées de la puissance et de l'originalité qu'ont eues dans leur temps celles de Platon, de Locke, de Montesquieu ou de Marx. Il ne faut pas se demander quelle sorte de démocratie nous souhaitons, mais quel type de régime — sans faire d'exclusion arbitraire — peut répondre aux besoins réels des sociétés humaines, aujourd'hui et dans l'avenir rationnellement prévisible.

Assez curieusement, la vieille scie «ce sont les idées qui mènent le monde» reprend de nos jours une bonne part de sa valeur. Dans les époques de trouble et de questionnement, on se tourne presque inévitablement vers les penseurs pour leur réclamer un fil conducteur; je sens très nettement une telle tendance depuis quelques années. Et le passage d'une société de production (et de consommation) de biens matériels à une société dominée par les échanges d'information devrait logiquement être propice au renouveau de la pensée et à l'accroissement de son influence. Il se peut que le monde soit prêt à être mû par des idées neuves.

Il faut déborder l'échelle européenne et occidentale. Sous prétexte que notre culture a «inventé» la science politique, nous avons jusqu'ici tendance à en refuser l'accès à toute notion, toute participation venue d'ailleurs. Des quelque 180 pays présents à l'ONU, plus des deux tiers ne sont pas occidentaux, mais ils représentent au moins les trois quarts de la population du globe. D'une part, notre arrogance est incroyable de les exclure du débat; de l'autre, on peut bien penser que certaines de ces sociétés qui ont fonctionné à leur façon et sans notre aide pendant des siècles, parfois des millénaires, auront une contribution valable à apporter dans la discussion.

Il ne faut pas chercher LA mécanique ou LA formule «universelle», mais un ensemble de principes susceptibles de s'appliquer de manière différente dans diverses cultures, diverses circonstances. Les régimes politiques sont des organismes vivants, évolutifs, possédant leur dynamique propre qu'il faut respecter même en l'infléchissant ou en la réorientant. On doit admettre au départ qu'on n'arrivera pas à grand-chose en surimposant sur les institutions d'une nation un modèle venu de l'extérieur sans vérifier comment il s'adapte à ses traditions culturelles et religieuses, aux conditions sociales et économiques de son existence, à ses besoins et à ses objectifs.

Enfin, il ne suffit pas de trouver une réponse théorique au problème. Il faut aussi réfléchir, et très rapidement, à la manière dont cette réponse peut se traduire dans les faits. Il n'est pas si difficile d'imaginer des utopies; il l'est infiniment plus de déterminer comment on peut les réaliser sans finir dans un bain de sang ou sans aboutir à un résultat inverse de celui qu'on souhaitait. À supposer qu'on trouve une solution viable, il existe un certain nombre de coins du monde où son besoin se fait sentir de façon urgente et ce ne sont pas nécessairement les nôtres. Je pense à l'Europe de l'Est, à la plus grande partie de l'Afrique noire, au Moyen-Orient d'après la Guerre du Golfe.

L'avenir de l'humanité, et plus certainement celui de la civilisation occidentale, est peut-être lié à notre volonté et à notre capacité d'accepter que d'autres peuples se redonnent un idéal politique qui soit autre chose qu'une copie plus ou moins conforme de notre propre système défaillant, usé jusqu'à la corde.

Montréal et Alger,
novembre 1992, septembre 1993

Bibliographie commentée

Hannah Arendt, ***The Origins of Totalitarianism,*** New York, 1951. Étude à la fois passionnée et rigoureuse. Historique de la pensée totalitaire.

Aristote, ***La Politique,*** vers 325 av. J.-C. Premier traité systématique de science politique; élaboration de la grille d'Hérodote. Met en doute la valeur de la démocratie comme méthode pour choisir des dirigeants, mais accepte le principe de la majorité pour orienter la vie de la cité.

Raymond Aron, ***Études politiques,*** Paris, 1972. Recueil d'essais et d'articles couvrant une assez longue période. Positions éclectiques mais très intellectuelles et très françaises-hexagonales.

Bertrand Badie, ***L'État importé: l'occidentalisation de l'ordre politique,*** Paris, 1993. Malgré l'actuel triomphe du modèle occidental, il semble presque impossible de l'exporter dans d'autres cultures. D'après l'auteur, c'est en partie la faute des élites locales, qui n'ont pas cherché à faire les transpositions nécessaires. Essai rigoureux mais aride.

Pierre Bayle, ***Dictionnaire historique et critique,*** Paris, 1697. Approche rationaliste, première défense systématique de la liberté de penser.

Jeremy Bentham, ***Political Sophisms,*** Londres, vers 1820. Aphorismes critiques et parfois ironiques sur la politique par le créateur de l'utilitarisme anglais.

id., ***An Introduction to the Principles of Morals and Legislation,*** Londres, 1789. Point de départ de l'utilitarisme anglais. Opposé aux notions de morale et de droit en politique, fonde tout son système sur l'utilité, définie comme la satisfaction d'un besoin par la recherche du plus grand plaisir.

William Blackstone, *Commentaries on the Laws of England,* Londres, 1765. Première compilation critique d'un code de lois essentiellement fondé sur la coutume (Common Law). Très influent sur les juristes du monde occidental. Défend l'idée que la jurisprudence finit par être l'expression de la sagesse ancestrale des peuples.

Philippe Braud, *Le suffrage universel contre la démocratie,* Paris, 1980. Étude technique de l'universalité du vote et de son interprétation.

Edmund Burke, *Reflexions on the French Revolution,* Londres, 1790. Vision très critique de la révolution par un partisan de l'évolution, bourgeois conservateur. Les institutions sont respectables en soi, car elles incarnent la sagesse historique des peuples.

Jacob Burkhardt, *Force and Freedom,* Zurich, 1871. Penseur libéral suisse. Prévoit la décadence de la démocratie par la médiocrité.

Marcus Tullius Cicéron, *De re publica,* 51 av. J.-C. Croit qu'il existe un cycle «naturel» des régimes politiques qui passe par monarchie, aristocratie, tyrannie et démocratie; défense du système mixte de la République romaine.

id., *De legibus,* 46 av. J.-C. Exposé de la loi naturelle comme base de la loi positive. Une des sources classiques du libéralisme et du conservatisme aux 18e et 19e siècles.

Auguste Comte, *Plan des travaux scientifiques nécessaires pour réformer la société,* Paris, 1822. Oeuvre de jeunesse, idéaliste. Credo scientifique de l'évolution socio-politique et racine du positivisme qui devait se transformer en quasi-religion.

Marquis de Condorcet, *Esquisse d'un tableau historique des progrès de l'esprit humain,* Paris, 1794. Écrit en prison avant d'être décapité. Vision rationaliste et encyclopédiste. Foi inébranlable dans le progrès constant de l'humanité.

Confucius, ***Les Analectes,*** vers 470 A.C. Recueil de préceptes colligés après sa mort par des disciples anonymes. Favorise les règles pratiques contre les grandes théories; l'objet du gouvernement est le bonheur du peuple plutôt que la grandeur du prince.

Christian Descamps (directeur), ***L'Interrogation démocratique,*** Paris, 1987. Collectif du Centre Pompidou; les divers aspects du paradoxe démocratique. Approche multidisciplinaire, confrontant les vues d'historiens, politicologues, philosophes. Ton critique, ou défense du bout des lèvres de principes qui paraissent bien branlants.

John Deverell & Greg Vezina, ***Democracy, Eh?,*** Montréal-Toronto, 1993. Chez le même éditeur que cet ouvrage, une analyse très critique de la démocratie au Canada. La seule naïveté des auteurs, c'est de croire qu'elle fonctionne mieux ailleurs.

Denis Diderot, ***L'Encyclopédie,*** Paris, 1751. Réalisé avec la plupart des grands esprits de son temps. Tentative de résumer l'ensemble des connaissances de l'humanité. Vision libérale, ferment de démocratie.

The Economist, ***The Next 150 Years,*** Londres, 1993. Section spéciale du vénérable hebdomadaire britannique qui tente de prévoir l'évolution de la politique, des sciences et de l'économie pour le prochain siècle et demi. Étonnamment provocateur.

Moses I. Finley, ***Démocratie antique et démocratie moderne,*** Paris, 1976. Comparaison entre les deux formes de démocratie pour démontrer que l'expérience antique demeure pertinente encore aujourd'hui. Accent sur la relation (et la distance) entre gouvernants et gouvernés, sur le conflit entre liberté individuelle et bien commun et sur la valeur du consensus populaire.

Jacques T. Godbout, ***La participation contre la démocratie,*** Montréal, 1983. Réflexion sur les contradictions des idéaux démocratiques avec le mouvement coopératif et participatif. Par un sociologue qui est aussi praticien.

id., ***La démocratie des usagers,*** Montréal, 1987. La théorie sociale qui sous-tend «Participation contre démocratie».

Hammurabi, ***Code d'Hammurabi,*** vers 1920 av. J.-C. Première codification d'un ensemble de lois étatiques. Précurseur de la séparation pratique du législatif et de l'exécutif.

James Harrington, ***Oceana,*** Londres, 1656. Roman utopique. Le premier à associer les formes de régime aux structures économiques: un seul propriétaire dominant: monarchie, quelques grands propriétaires: aristocratie, beaucoup de petits domaines: démocratie.

Georg W. F. Hegel, ***Philosophie du droit,*** Berlin, 1821. Vision philosophique de l'Histoire; approche nationaliste et mécanisme dialectique. Primauté de l'État et de la société sur l'individu. Fait partie d'un système philosophique d'ensemble qui identifie le rationnel au réel. A servi d'inspiration aussi bien à Marx qu'à Bismarck et aux nazis!

Claude Adrien Helvétius, ***De l'esprit,*** Paris, 1758. Approche naturaliste à l'étude de l'esprit humain. Tout vient des sensations, les abstractions n'existent pas. Un des points de départ de l'esprit rationaliste et non- religieux du 18e siècle, proche de Hume et de l'utilitarisme.

Guy Hermet, ***Le peuple contre la démocratie,*** Paris, 1989. Les peuples sont-ils naturellement démocrates, ou ne préfèrent-ils pas les «hommes forts»? Une thèse intéressante mais qui ne va pas assez loin. Source valable de références bibliographiques récentes.

Hérodote, ***Les Histoires,*** 435 av. J.-C. Première tentative d'écrire une histoire autre que légendaire. Source de la première classification des régimes politiques selon le nombre de gouvernants: monarchie, oligarchie, démagogie.

Thomas Hobbes, ***Le Leviathan,*** Paris, 1651. Décrit un régime totalitaire mais sûr. Première ébauche du concept de contrat social, mais en-dehors du contexte démocratique. Hanté par l'insécurité et l'agressivité de l'homme pour l'homme. Un des points de départ de la science politique moderne.

id., *The Elements of Law, Natural and Politic,* Londres, 1640. Tentative pour fonder la loi sur le droit naturel, distinction entre loi «naturelle» et loi «positive» ou imposée.

Paul Henri Thiry, baron de Holbach, *Le Système social,* Paris, 1773. Vision morale fondée sur le rationalisme; premier accroc à la croyance dans la «loi naturelle». Écriture pesante mais claire.

Thomas Jefferson, *Déclaration d'indépendance,* Philadelphie, 1776. Préambule à la République américaine; principes démocratiques, notion de la recherche du bonheur. Une des chartes fondatrices du libéralisme politique.

Hans Kelsen, *Traité de science politique,* Paris, 1985. Traduction d'un ouvrage de base sur le droit constitutionnel datant du début du siècle et ayant servi à la rédaction ou à l'amendement de plusieurs constitutions européennes, notamment en Autriche. Plutôt technique.

Henri Laborit, *L'Homme imaginant,* Paris, 1975. L'évolution humaine est surtout due non à des actions collectives ou aux grands politiques, mais à l'imagination créatrice d'individus. Toute doctrine qui ne met pas l'imagination au pouvoir (ou du moins lui permet de s'épanouir) va fossiliser la société.

Lao-Tzeu, *Tao-Te-King,* vers 525 av. J.-C. La Voie de la sagesse. Vision philosophique de la politique à la chinoise.

Philippe Lauvaux, *Les grandes démocraties contemporaines,* Paris, 1990. Les structures politiques et juridiques des démocraties actuelles. La première partie est une discussion d'ensemble des principes politiques et de la distinction entre État de droit, démocratie et libéralisme. Compliqué et conventionnel, mais de grand intérêt.

Vincent Lemieux, *Les sondages et la démocratie,* Québec, 1988. Ce que sont les sondages et en quoi ils sont scientifiques. Mais surtout, leur effet sur l'exercice de la démocratie. Description de la technique et de ses impacts sur le processus politique valable non seulement pour le Québec, mais de façon générale.

Nikolai Lénine, *L'impérialisme, stade suprême du capitalisme,* Moscou, 1917. Le capitalisme ne peut survivre que s'il aboutit à l'impérialisme et à l'exploitation systématique des ressources coloniales.

John Locke, *Two treatises on Government,* Londres, 1690. Le début du libéralisme politique. Croit encore à une monarchie encadrée par la constitution. Clair dans le style, confus dans la structure.

John Lukacs, *The End of the 21st Century and the End of the Modern Age,* New York, 1993. D'après l'historien Lukacs, c'est le nationalisme qui a été la force dominante du siècle. La nouvelle barbarie dans l'Est mettra en danger les «progrès» imposés par l'Occident.

Nicolas Machiavel, *Le Prince,* Florence, 1532. Première analyse rigoureuse et même cynique du pouvoir personnel et des façons de l'acquérir et de le conserver. Un des premiers livres politiques présentant un effort conscient d'objectivité.

Crawford B. MacPherson, *Principes et limites de la démocratie libérale,* Paris, 1985. Analyse des qualités et défauts de la démocratie libérale par l'étude de trois modèles historiques, et proposition pour un quatrième modèle de type participatif. Idéaliste.

Mahomet, *Le Coran,* vers 634. Livre Saint de l'Islam, propose un système totalitaire unissant le civil et le religieux. Le libre arbitre que suppose la démocratie est en contradiction avec le fatalisme musulman, l'égalité des citoyens avec le respect des classes sociales qu'il exprime.

Karl Marx, *Das Kapital,* Londres, 1867. Analyse du capitalisme et de la production de biens. Vision purement économique de la politique. La Bible du socialisme scientifique.

Robert Michels, *Les partis politiques,* Berlin, 1911. Un classique allemand du début du siècle, exposant «la loi d'airain de l'oligarchie» selon laquelle la classe politique régnante tend à se perpétuer par tous les moyens et à créer un «club de gouvernement» élitiste, même en démocratie.

Montesquieu, *L'Esprit des lois,* Paris, 1748. Analyse du rapport entre le régime politique et la forme des lois. Monumental mais diffus.

Thomas More, *Utopia,* Londres, 1516. Système politique imaginaire, communiste et égalitaire. Tentative de démontrer la valeur du principe démocratique, mais dans une forme non libérale.

José Ortega y Gasset, *La Rébellion des masses,* Madrid, 1929. La lutte des classes opposant non prolétariat et capital, mais peuple et intelligentsia. Vision élitiste.

Robert Owen, *Livre du nouveau monde moral,* Glasgow, 1826. Approche moraliste et collectiviste aux problèmes économiques et sociaux. Une étape dans la pensée d'un auteur-praticien qui a beaucoup évolué.

Thomas Paine, *Common Sense,* New York, 1776. Pamphlet sur l'indépendance américaine, orientation utilitariste. Beaucoup de thèmes sont encore à propos.

Arthur Pigou, *Economics of Welfare,* Londres. La société doit assurer le meilleur sort au plus grand nombre. Une vision sociale assise sur des doctrines économiques classiques, dans la lignée de Keynes.

Platon, *La République,* vers 390 av. J.-C. Vision totalitaire fondée sur le communisme des élites et l'éducation civique. Propose un roi-philosophe sans lois qui le contraignent. Œuvre de jeunesse.

id., ***Les Lois,*** vers 340 av. J.-C. Inachevé, posthume. Plus modéré et moins idéaliste que La République. Mélange de monarchie et de démocratie.

Marcel Prelot, ***Histoire des idées politiques,*** Paris, 1960. Historique des idées par thème, insistance sur les auteurs classiques. Complète le livre du même titre de Touchard et celui de Sabine.

Joseph Proudhon, ***Qu'est-ce que la propriété?,*** Paris, 1840. Source de l'expression «La propriété, c'est le vol».

id., ***Solution du problème social,*** Paris, 1848. Exposition la plus représentative de la pensée socialiste avant le marxisme. Vues mutualistes, qui devaient survivre jusqu'à récemment dans le syndicalisme français.

Stéphane Rials, ***Textes constitutionnels étrangers,*** Paris, 1991. Compilation des constitutions de plusieurs pays, incluant Royaume-Uni, États-Unis, Suisse, Espagne, Allemagne. Accent sur les libertés civiques et les Droits de l'Homme.

Jean-Jacques Rousseau, ***Le Contrat social,*** Paris 1762. Massif et parfois confus. L'Homme est bon, la société le corrompt. Retour à l'état de nature ou notion d'État «minimal» qui sera reprise par les libéraux anglais du 19e siècle. La «volonté générale» à la base de la définition française classique de la démocratie.

George H. Sabine, ***A History of Political Theory,*** New York, 1971. Commentaire sur l'évolution des idéologies politiques. Approfondi et fascinant, opinions souvent critiques, complémente Touchard. Bonne étude des contextes socio-économiques de l'évolution des thèses politiques.

Charles Henri de Saint-Simon, ***Réorganisation de la société européenne,*** Paris, 1814. Exposition du saint-simonisme, doctrine politico-économique qui a joué un grand rôle en France tout le long du 19e siècle et particulièrement sous le Second Empire.

Joseph Schumpeter, *Capitalism, Socialism and Democracy,* Harvard ,1942. Confrontation des deux systèmes dominants du siècle avec leurs contradictions internes. Prédit la fin du capitalisme, son remplacement par le socialisme. Analyse pénétrante de ce qu'est la démocratie libérale équivalant à une démythification.

Oswald Spengler, *Le Déclin de l'Occident,* Berlin, 1917. Thèse originale fondée sur l'idée que lorsqu'une culture devient une civilisation, c'est le début de sa décadence. Très influent dans l'Allemagne entre deux guerres; anti-marxiste mais adopte l'idée hégélienne de l'inévitabilité des phénomènes historiques.

John Stuart Mill, *Considerations on Representative Government,* Londres, 1861. Proposition de réforme de la démocratie anglaise avec l'accent sur le suffrage universel.

id., *On Liberty,* Londres, 1862. Pose la liberté individuelle comme principe fondamental, presque unique de la philosophie politique. La seule exception à cette règle étant «la protection de soi-même».

id., *Principles of Political Economy,* Londres, 1848. Exposé de la doctrine économique libérale classique. Influencé par Bentham et l'utilitarisme. Proche de Ricardo; vision bourgeoise parallèle et opposée à celle, prolétariste, de Marx.

id., *Utilitarianism,* Londres, 1861. Développement critique des thèses de Jeremy Bentham. L'exposition devenue classique de cette idéologie.

Sun Yat-Sen, *Les trois principes du peuple,* Pékin, 1923. Vision libérale élitiste transposée dans une autre culture. Métaphore du peuple, de la limousine et du chauffeur.

Richard Henry Tawney, *Religion and the Rise of Capitalism,* Londres, 1926. Fait le lien entre l'égocentrisme protestant et l'égoïsme de l'économie libérale classique. Avec Weber, démontre que capitalisme et démocratie sont des phénomènes culturels nés du protestantisme européen.

John Clayton Thomas, *The Decline in Ideology in Western Political Parties*, Beverly Hills, 1974. La neutralisation des divergences politiques entre les partis politique dans les démocraties occidentales; ce recentrage réduit considérablement la possibilité d'émergence d'idées nouvelles.

Alexis de Tocqueville, *La Démocratie en Amérique,* Paris, 1836. Description admirative des structures politiques inventées par les Américains. Craint que la démocratie n'échoue par l'inévitable médiocrité des chefs qu'elle engendre.

Jean Touchard, *Histoire des idées politiques,* Paris, 1973. Historique très complet, avec bibliographie critique internationale abondante. Ton plus neutre mais exposition moins claire que Sabine, vision très française.

Max Weber, *The Protestant Ethic and the Spirit of Capitalism,* Berlin, 1904. Analyse sociologique du capitalisme. Suggère fortement l'idée que la démocratie libérale est un produit «culturel» si typé qu'il est difficilement exportable.

(pseudo.) Xénophon, *La Constitution des Athéniens,* vers 425 av. J.-C. Critique aristocratique du principe démocratique.

Imprimé au Canada